断末魔の数字が証明する

中国経済崩壊宣言！

髙橋洋一×石平

ビジネス社

はじめに

　中国経済について髙橋洋一先生との対談を本にするのは今回で4回目だが、本書はその集大成を示すものになった。というのも、２０２３年の夏を迎え、いよいよ私たちはこの最新刊の対談本をもって高らかに「中国経済崩壊宣言」を掲げるからだ！

　もちろんこのようなビックリ仰天の「崩壊宣言」を出すのは、資料やデータに基づいてのことである。しかも中国共産党が出す統計がでたらめであり、水増しや偽装されていることを踏まえたうえで、中国経済の様々な症状を冷静に診断した結果から導き出したのが今回の崩壊宣言なのだ。

　具体的な内容については読者の皆様の読む楽しみにしておきたいが、ここでは本文では取り上げなかった、中国国内専門家の「中国経済沈没論」を紹介しよう。

　今年、２０２３年6月25日、北京で開かれた経済シンポの席上にて、中国人民大学・国家発展と戦略研究院の劉暁光教授が行った基調報告は、私たちの議論と異曲同工といっていい内容だった。

劉教授は「ポストコロナ」において中国の経済回復は思うとおりに進んでいないことを認めたうえで、その問題点として次の「5つの20％」を指摘した。

①若年層失業率が20％を突破したこと
②工業部門企業の利益が前年同期比で20％近く落ちたこと
③地方政府の土地譲渡金収入が前年同期比で20％減ったこと
④不動産の新規着工面積が前年同期比で20％減ったこと
⑤消費者信頼感指数が20％以上も落ちたこと

それらの問題点を根拠に、劉教授は「中国経済はすでに自己回復能力を失っている」と分析し、中国経済の今後に対しては極めて悲観的な見方を示した。

彼のいうとおり、「中国経済はすでに自己回復能力を失っている」のであれば、この巨大国家の経済沈没は最早避けられないのではないか。

劉教授が指摘した「5つの20％」の問題点の実態とその深刻さを順番に解説していこう。

まずは①の「若年層失業率20％突破」に関しては、国家統計局は23年6月15日、同年5月に16歳～24歳までの若年層失業率は20・8％に達したと発表。これを日本と比較すると、2022年、15歳～24歳までの若年層完全失業率は、男性は4・9％、女性は3・5

%、平均にして4・2%。つまり、同じ年齢層では中国の現在の失業率は日本の約5倍にもなっているわけだ。

②「工業部門企業利益は20%近く減」は、6月28日に国家統計局が発表した数字で、23年1月~5月、全国規模以上工業企業の利益は前年同期比では18・8%減になったという。そのうち、民営企業の利益は前年同期比で21・3%減。

中国の「規模以上工業企業」とは年間売上高が2000万元(約3億9000万円)以上の工業企業のことを指しているが、この売上高からすれば、国内の製造業関係の大・中企業のほとんどが入っているとみていい。したがって「18・8%減」という数字は、製造業全体の大不況と凋落を表している。

③の「地方政府土地譲渡金収入20%減」に関しては、6月16日に中国財政部(財務省)が発表したとおりの数字だ。地方政府土地譲渡金収入の大幅減は、不動産業の衰退を意味すると同時に、各地方政府が深刻な財政難に陥っていることを示している。

④の「不動産新規着工面積20%減」は、6月16日に国家統計局の発表した数字。より正確に言えば、23年1月~5月、全国の不動産新着工面積は前年同期比では22・6%減である。

③の数字と同様、この数字は不動産業の衰退と今後の減速を示しているが、中国経済の

3割をつくり出している不動産業の大不況は中国経済全体の沈没を予兆している。
⑤「消費者信頼感指数20％以上下落」については、劉教授がその数字を出した出所は不明であるものの、本文で私が指摘しているように、中国では23年4月から「消費の大崩壊」が現実に起きてきているのである。

以上は、人民大学劉教授が指摘した「5つの20％」の中身に対する私自身の分析であるが、これだけでも中国経済の今が大変深刻な状況下にあることがよくわかるであろう。

中国経済の3割をつくり出している不動産開発業が大きく衰退し、それが原因で地方政府の財政難が深刻化している。製造業の大中企業は大変な不況に陥り、若年層の失業率が数十％に上がるという前代未聞の失業ラッシュが発生。その中で消費が崩壊して国民の消費意欲が急速に萎んで、景気全体を冷え込ませている。

もう1つ、財政部（財務省）が公表した数字だが、23年1月～5月の関税収入が14・4％減となっている。すなわち、経済成長の原動力の1つである対外輸出もかなり冷え込んでいるわけだ。

こうしてみると、現在の中国の経済状況といえば、輸出もダメ投資もダメ、失業者が溢れて消費が消失している最中であり、まさに絶体絶命的な状況に追い込まれ、崩壊の真っただ中にいるのである。

読者の皆様にはぜひ、本書の通読により「中国経済崩壊」の生々しい実態を確認していただきたいと思うが、最後に1つ。

いつもながら私との対談に快く応じてくださった髙橋洋一先生に対する感謝の気持ちを申し上げたい。そして、本書を手にとっていただいた読者の皆様にはただひたすら、頭を下げて心からの御礼を申し上げたい次第である。

令和5年7月吉日

石　平

断末魔の数字が証明する中国経済崩壊宣言！　目次

第3章　不動産バブル、本当の恐怖

第4章　人口減少はごまかせない決定的証拠

第5章　習近平一強体制がトドメの一撃

第6章 親中派をスパイで拘束し自滅

第7章　第三世界のＡＴＭと化した中国外交

第8章　平和が破壊される確率は高い

第9章 台湾が「戦わずして負ける」可能性

第1章

崩壊しかない無残な中国経済の数字

◆簡単なごまかしさえ放置する統計局

石平　髙橋先生との対談本は今回で4作目となりますが、先生には以前から「中国経済崩壊論をいうのは10年早すぎだ」と言われていました（笑）。

髙橋　そう、中国経済崩壊論じたいが間違いなのではなく、言うのが早すぎたということです。しかしここのところの中国経済を見ていると、まさしく石平さんの言うとおりになりつつある。今こそ中国経済崩壊論を唱える絶好のタイミングです。

石平　一緒に習近平体制も崩壊してくれるといいのですが。髙橋先生にもお墨付きをいただいた中国経済の惨状とともに、追いつめられた習近平国家主席が台湾侵攻に打って出るのか、対中国に対して日本はどうすればいいのか議論していきたいと思います。

髙橋　どうぞ宜しくお願い致します。

石平　中国経済はズタボロであり、いつ崩壊してもおかしくない状況です。しかし数字の面だけで見れば、中国経済はそれほど悪くない。

まず私が中国経済についてのさまざまな数字を挙げますので、経済学の観点から分析をお願いします。

はじめに、中国国家統計局が2023年4月18日に発表した23年第1四半期（1〜3月）のGDP（国内総生産）。前年同期比4・5％増。4・5％の成長率であれば崩壊するどころか、繁栄しているように見えます。

同日に発表された第1四半期の固定資産投資総額は前年同期比5・1％増、社会消費品小売総額も同5・8％増でした。固定資産投資総額および社会消費品小売総額はいずれも5％以上伸びていて、これらが本当ならば成長率4・5％も全然おかしくありません。

しかし私はその数字自体にはごまかしがあると断定できます。なぜなら、専門家でない私でさえすぐわかるような矛盾が見つかったからです。

検証していきましょう。国家統計局が発表した23年第1四半期の固定資産投資総額の10兆7282億元は、前年同期比では5・1％増でした。

しかし、同じ国家統計局が発表した前年同期、すなわち22年第1四半期の固定資産投資総額は10兆4872億元だったのです。この数字から「5・1％増」となれば、今年第1四半期の固定資産投資総額は11兆2220億元にならなければならない。しかし前述の通り、彼らが発表した今年第1四半期のそれは10兆7282億元に過ぎません。要するに約3000億元足りません。

逆に言えば、もし今年第1四半期の固定資産投資総額が国家統計局の発表した通りの10

兆7282億元であれば、それは前年同期からの伸び率は5・1％ではなく2・3％程度であって、国家統計局が発表した「5・1％増」は2・8％ほど水増しされたものだったのです。

そして国家統計局が発表した、「4・5％増」という今年第1四半期の経済全体の伸び率は当然、水増しされた固定資産投資総額の伸び率を根拠の1つにして算出されているから、根拠となる数字は水増しであれば、「成長率4・5％以下」でなければなりません。

GDPが水増しされている証拠は他にもありますが、固定資産投資一点だけとってもバレてしまう。

以前の中国政府なら、せめて自分たちの発表した税収関連の数字くらい辻褄が合うように偽造したものですが、最近はそれすらしない。もう、なりふりなどかまっていられないということなのでしょう。

高橋　中国の統計がいい加減であることは私も重々承知してましたけれど、発表した数字だけで偽造がバレてしまうほど杜撰だというのは末期症状ですね。

石平　そうなのです。自分たちの数字のウソを辻褄の合うようにするという最低限のことさえやらなくなりました。

◇中国財務省が23年第1四半期のマイナス成長と発表

石平　財政部（日本で言う財務省）が発表した数字も見てみましょう。財政部の数字は中国国内では信用度が高いとされています。国家統計局の場合、勝手に数字を発表したら、それで終わりで、無責任なことができます。

しかし財政部は、税収の数字を発表した後、それに基づいて予算を組まなければならないぶん、税収を水増しすると予算が足らなくなるため、やたらに水増しはできないのです。

今年第1四半期の税収全体は1・4％減でした。

髙橋　一般的には減税をすれば税収もマイナスになります。一方、減税をしていなければ、普通は税収と成長率の伸びは同じになるはずです。したがって、大した減税なしで税収がマイナスということは成長率もマイナスになっている可能性が高い。

中国の税金で大きいのは何ですか？

石平　日本の消費税にあたる「増値税」と所得税です。増値税が税収に占める割合はだいたい35％、所得税は22～23％です。コロナのために22年は4月1日より、小規模企業の増値税率を3%から0%、製造業の増値税率を11%から9%に引き下げました。この減税措置により、中国の企業はさらに約2兆元の税金を節約できると見込まれていました。しかし今年の23年は減税していません。

今年第1四半期の増値税の税収も前年同期と比べて22・2%減となりました。所得税の減税措置はコロナ下でもされていません。

高橋 となると、それも税金を下げたか、経済が悪くなったかのどちらかですね。

石平 また、中国には「車両購入税」もあります。車を買うときに払う税金です。23年第1四半期の車両購入税の税収は153億元で、前年同期比で23・3%減にもなりました。しかも22年の自動車使用税は減税されていたにもかかわらず。それだけ23年の車両販売がすごく落ち込んでいるということです。

実際、車の販売数は前年同期比で2割以上減りました。産業界に占める生産額の割合が1割を占める自動車業界が減産体制に入れば、当然産業界全体に悪影響が及びます。

さらに、株を売買するさいにかかる税金である「証券交易印紙税」に至っては前年同期比52・8%減にもなりました。上海証券取引所と深圳証券取引所の取引高が大幅に減少したからです。みんな株も売買しなくなっている。

高橋 まあ中国の場合、もともと株式市場は実質上ないに等しいですからね。

石平　また、第1四半期の関税収入は19・9％減でした。

髙橋　関税は輸入ですね。関税収入が減るのは、関税率を下げたか、輸入量が減ったかのどちらかです。

石平　でも23年になって関税率を下げたという話はありません。

髙橋　それならやはり輸入が減っています。

石平　この一連の財務省の数字は国家統計局より信憑性があります。どう考えてもマイナス成長でしょう。

髙橋　確かにマイナス成長っぽいですね。

◇投資が中国のGDPの半分近くを占めるカラクリ

石平　今度は中国の年間の統計を検討しましょう。

中国国家統計局が発表した22年1年間のGDPは121兆2007億元で、前年2021年と比べると3％増となっています。この数字自体も当然、水増しされています。しかし水増しがあったとしても、やはり史上2番目に悪い数字には変わりありません。いちばん低かったのはコロナが発生した2020年でした。しかも3％は政府が定めた2022年の5・5％という成長率目標を大幅に下回っている。

そもそも私がすごく気になるのは、成長率3％というきれいな数字が出てくることじたいがあり得るのかということです。

高橋 なるほど、すごくキリのいい数字ですね。中国の数字は気合いか、あるいは指示された数字なのでしょう。

石平 そう、3％を出せというような指示はあったと思います。

項目別ではまず国内消費に関しては、22年の社会消費品小売総額が43兆9733億元で、2021年と比べて0・2％減でした。GDP全体に占める社会消費品小売総額の割当は36％程度です。これがいわゆる消費率となります。

高橋 中国の統計が異常なのは、消費の割合が異様に低いことです。普通の国なら消費はだいたいGDPの6割。それが4割にも達しないことを中国は投資が大きいからと解説する向きがありますが、無理がある。

石平 中国ではこの20年間、消費率はずっと4割未満でした。

高橋 途上国の経済問題を分析する経済学の一分野に「開発経済学」という学問があります。途上国の貧困や飢餓、栄養失調、失業、低賃金労働、低教育水準、女性差別、乳幼児や妊婦の高い死亡率、HIVやマラリアなどの感染病の蔓延、環境問題や水問題、汚職、貿易政策や債務問題など、幅広いトピックを扱うのですが、この学問からすると、中国では国内消費が十分に育っていないと見なせるわけです。一般に途上国は成長をするとともに、消費もどんどん大きくなって成熟していきます。しかし中国にはそれが見られない。

石平　やはり健全な経済というのは、大半を消費で支えられていますね。

高橋　単純に一国が豊かになるということは国民の消費が増えることとイコールです。国民が貧しい国を豊かとは誰もみなさないでしょう。したがって、消費の割合はだいたい6割ないとおかしい。

石平　中国経済の持つ歪《いびつ》な構造がここでわかりますね。

高橋　だから中国経済は投資で持たせているように見える。

石平　22年の固定資産投資総額は57兆2130億元。全体のGDPに占める割合は約47％になっています。

高橋　投資のほうは普通の国なら2割ぐらい。消費も投資も割合が異様です。

石平　普通の国ではないことが中国ではありえる。

高橋　恐らく投資については政府がそうとう梃《てこ》入れしているのでしょう。公共投資のようにカサ上げすることは簡単ですからね。

しかし通常は過剰に投資をしてもすぐに行き詰まってしまう。

石平　現に中国の投資のなかでいちばん大きかったのはやはりインフラ投資。22年のインフラ投資は９・４％増でした。ウソか本当かは別として、何とか中国経済を３％成長させようとすると、結局、インフラ投資に頼らざるをえないわけです。

高橋　とすると公共投資をがんがんやって無駄な物をどんどんつくっていることになります。本来、公共投資では社会便益が投資のコストを上回るものしかやらないのが大前提です。ところが、中国ではそれを全く無視している。その結果、必要もないとんでもない物がたくさんできることになるわけ。しかもつくって終わりではなく、維持、運用、廃棄など後々で非常にコストがかかります。

石平　ゴーストタウン（鬼城）をせっせとつくっているわけです。

しかも中国は日本企業のように、欠陥住宅や、壊れやすい道路や橋をつくっても気にしません。かえって仕事が増えるから。

固定資産投資でも特に大きいのが不動産投資です。22年は前年比で10％減少したものの、13・７兆元で、すごく大きい。中国のＧＤＰが約１２０兆元なので、不動産だけでＧＤＰの11％以上つくり出しています。日本の場合はどうですか。

高橋　日本の不動産投資も10％程度で高めです。

輸出が激減する中国

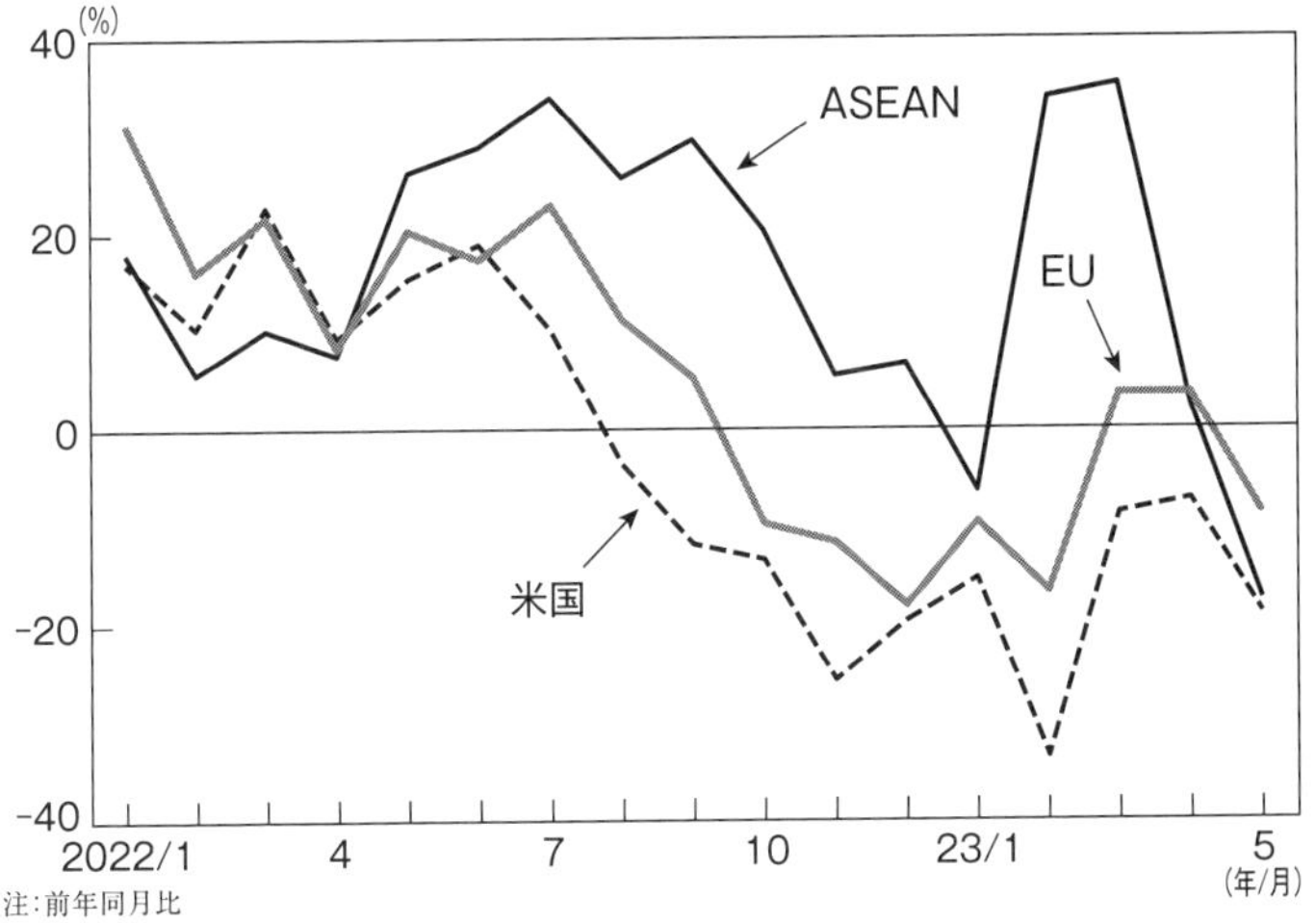

注:前年同月比
出所:中国税関総署

◇中国経済の実態をつかむには貿易統計がいい

石平　中国では消費と投資と輸出の3つが中国経済を引っ張っていく「3台の馬車」と呼ばれています。

輸出について言うと、国家統計局の発表では2022年は23兆9654億元でした。前年比10・5%増です。約24兆元というのはすごく大きい。

髙橋　輸出が大きくなることはときどきあるのでまだわかります。自国通貨安に誘導して輸出ドライブをかければいい。それはありえるとしても、やはり投資の割合がそんなに大きいのは、異常です。裏を返すと、消費がそこまで少ないということもありえません。

石平　構造的に見たら、やはり中国の消費が徹底的に不足している。だから投資と輸出の両方の占める割合もあまりにも大きくなるということですね。言い換えれば、消費が不足しているなかで無理やりに投資と輸出で経済を支えています。

高橋　一般に輸出に関しては相手国の輸入があってのことだから数字はごまかせない。輸入も同様です。当然、輸入品を購入するのは中国国内の消費者なので、輸入が増えれば消費も増え、ＧＤＰも増える。ＧＤＰの伸びと消費や輸入の伸びは連動するので、輸入を計算すると、中国の成長率もだいたいはわかる。普通、輸入減になっているのに高い成長というのはありません。

いずれにせよ、中国の統計であっても輸出入の数字だけはけっこう信頼できる。というより、唯一信用できるのが輸出と輸入の貿易統計しかないということです。

中国の輸出入がなぜ正しいと言えるのかについてもう少し詳しく話すと、中国はＷＴＯ（世界貿易機関）に加盟しているので、公正さのため正確な貿易統計を求められます。

したがって不正をしても、貿易相手国の数字と合わなければすぐに発覚してしまうのです。

◇失業率の高さで成長率の低さはまる見え

髙橋　GDPと深い関係があるのが失業率です。「オークンの法則」といって、経済成長がないと失業率が高まることを証明したのです。経済が成長していれば失業者数は減り、景気が悪ければ失業者が増えるのは、感覚的にもわかることでしょう。

したがって、失業統計が正確だと正しいGDPも推計できます。でも中国には近年まで失業統計がありませんでした。

石平　一応失業率は1999年から発表していて、2018年からは16〜24歳の若年層の失業率についても発表されていることになっています。

髙橋　それでも中国の失業率にはちょっと怪しいところがありますね。

石平　共産主義の中国が「失業者」の存在を認めていることじたいが、前進だといえるかもしれません（笑）。

髙橋　なるほど（笑）。できれば中国政府としても失業統計など出したくなかったはずです。なぜなら失業統計を出さないのも1つの知恵だからで、失業統計があるといろいろな経済の現状がわかってしまいます。先ほど言ったように失業率が正確だと正しいGDPも推計できるから、逆にそれでGDPのウソも見破ることもできるのです。

また、中国に対して「経済大国なら失業率も発表せよ」という国際社会からの圧力が強くなってきたため、発表に追い込まれたという見方もできます。あくまで外向きで、中国政府も国内に対しては失業率を大きな声では言っていないのではないでしょうか。

石平 その失業率の数字もいい加減なものでしょう。

髙橋 やはり正しい失業率は発表できないと思いますね。

中国では、GDPも失業率も国家統計局が発表していますが、失業の統計を出すセクションとGDPの統計を出すセクションを分けるのが国際基準です。

石平 日本も分けているのですね。

髙橋 当然です。日本ではGDPは内閣府、失業率は総務省統計局が担当しています。しかも、その統計データは利害関係のない経済界すなわち民間を調査の対象としているため、悪い数字が出たとしても役所は何ら責任を持たなくていい。役所にとって統計データはあくまでも利害関係のない第三者の成績表なのです。情実を挟む余地も全くありません。

石平 しかし中国では、国家統計局がGDPも失業率も扱っているので、どちらにも手心を加えることができるわけですか。

髙橋 できますよ。GDPと失業率の場合、独立している別々の役所の発表する統計がオークンの法則で連動しているからこそ、どちらの統計も信用できることになります。中国の場合、ＧＤＰと失業率の数字はやはりオークンの法則からちょっとずれている。それで私は中国の失業率にはちょっと怪しいところがあると言ったのです。ただし中国のＧＤＰもウソではないかという話なので、ＧＤＰと失業率のどちらかがウソだというより、どちらもウソだということになるでしょう。

◇働き場を失った若者たち

石平　国家統計局は23年第１四半期の成長率を４・５％増だったとする一方で、同時期の16歳から24歳までの失業率を19・６％、４月は20・４％と発表しました。４月の数字は２０１８年以降で最も高い失業率です。オークンの法則からしたら矛盾する数字です。さすがに中国政府も失業率に関しては、多少は真実に近づいている数字を発表するようになったのではないでしょうか。

高橋　それでもまだごまかしている感があります。とはいえ、20％前後の失業率は間違いなく高い。ごまかしてもそのレベルになっているとしたら、中国の失業はかなり深刻です。オークンの法則によれば、若者の失業率の高さからすると成長率がマイナス成長になっていても不思議ではありません。

石平　私も失業率はまだ抑えられていると思う。直感的に25％を超えていると思いますね。

髙橋　この16歳から24歳までの失業率には大学の新卒も入っているでしょ。

石平　そうなんです。国家統計局は3月の時点で若年の失業者は632万人いて、それに就職活動中の大学生が4割を占めていると推計していました。

髙橋　失業率が高いと大学生は卒業してもなかなか就職できないということですね。日本でもそういう時代がありました。

石平　この夏の学部卒業生や大学院修了生は前年より82万人多い1158万人。これも過去の統計の最多記録を更新する見込みです。

いずれにせよ近年、中国では毎年1000万人もの大学生が卒業していますが、そのうち就職できる大学卒業生はおそらくその3分の1になるかならないかというところです。

髙橋　中国でもそれだけ高学歴者が増えてきたということですね。しかし就職先がなければ学歴が高かろうが低かろうが、関係がない。

石平　毛沢東時代なら失業の解決策として都市部の知識人や知識青年たちを農村で働かせるという「下放《かほう》運動」が行われました。習近平自身も下放されたことは周知の事実です。

実は今、広東省がこれを行っています。23年から30万人の若者たちを動員して農村に行かせる「下郷《かきょう》運動」です。

高橋　しかし若者が送られる農村でも失業問題に悩んでいる。

石平　むしろ失業問題が最も深刻なのが農村部なのです。農村部の若者たちは、ほとんど耕す土地もないため、いわゆる「農民工」となって大量に都会に出ています。農民工は今の数字でも2億5000万人くらいいる。農民工は都市部を転々として基本的には農村に帰ってきません。ところが、その都市部で仕事がないという有様です。

その大きな理由は、不動産開発が縮小してきたからです。当然、建築現場の仕事もかなり減ってきました。外資の脱中国がそれに拍車をかけている。

そのため、若者の農民工たちが浮浪者化しています。例えば広東省の深圳でも広州でも地下道路やトンネルなどは、夜になると寝に来た農民工たちで満杯になっている。遅く行ったらもう寝る場所も取れない。

高橋　農村の若者でさえ仕事がないのに都会の大学生を農村へ行かせてどうするのでしょう。どの国でも国民が食えれば社会も安定します。反対に、食えなくなると政情が不安定になる。

石平　中国では再び「露店経済」が脚光を浴びてますよ。露店経済というのは、2020年にコロナ感染が始まって経済が悪化したときに、当時の首相だった李克強が言い出したことです。「失業者には仕事がないから、みんな勝手にどこかに露店を出して、何でも売って食べていけ」と。

しかしメンツを何よりも重んじる習近平にしてみれば露店経済の提案など自分の顔に泥を塗られるようなもので、これを潰してしまったのです。

ところが最近になってハイテク都市の深圳でさえ、9月1日より一部の地域を除いて露店が出せるようになったのです。中国は国家として露店経済になりつつあるということです。

高橋　どの国も不況になると、大量の国民を食わせていくというのは大変です。

石平　露店経済は大量の雇用を生むこともないし、安定した収入や安定した仕事を保証するものではありません。だから、このままで経済が落ち込んでいったら、中国では大変な社会的大動乱が起こるでしょう。

第2章

粉飾統計は中国の国技

◇ソ連も6割水増ししていたGDP

石平　中国がGDPでいったんウソをついた以上、その後もずっとウソの上塗りをし続けなければならない。いわば無間地獄です。

髙橋　共産主義国の実態を見破るのは非常に難しい。ソ連のときもそうでした。ソ連は70年間、統計をごまかし、それがウソだったことはソ連が崩壊してようやく明るみにでました。

もちろん当のソ連は今の中国共産党と同様に積極的にデタラメな偽造統計を生み出し続けてきた。しかし、彼らが理解していなかったのは、そんな偽造統計に基づいて国家運営をしたら国家が崩壊するのは当然だということです。

しかし問題はソ連に留まらない。そのソ連の偽造統計を世界中が信じてしまったことがより重要です。例えばアメリカのノーベル経済学賞受賞者のポール・サミュエルソンでさえソ連の統計を信じて、「ソ連は成長している」と断言していました。サミュエルソンほどの学者ですら騙されてしまったのだから、統計データの偽造を見抜くのはそれだけ難しいということなのです。

石平　逆に言うと、ソ連が崩壊するまでノーベル賞を取った経済学者ですら、統計の偽造がわからなかった。その意味では偽造は完璧だったわけで、ソ連が出した数字が全部ウソであっても、専門的にはウソの辻褄がきちんと合っていたということでしょう。

髙橋　やはり偽造統計を見破るのは非常に難しい。騙されるのが普通ですよ。

しかもソ連が行っていた偽造は半端なレベルではありません。ソ連が崩壊してみて初めてわかったのは、そのＧＤＰは実は偽造統計の４割ほどしかなかったということです。つまり偽造統計の数字の６割減が正しい数字だったのです。

ソ連の公式統計によると、１９２８年から１９８５年までの国民所得の伸びは90倍。ところが実際には６・５倍しかありませんでした。平均成長率に至っては８・３％も成長しているとされていたのに実際には３・３％しかなかったのです。こうした事実もソ連が崩壊して明るみに出たのです。

石平　偽造でもと言うべきか、偽造だからと言うべきか、ソ連にとってはその統計は役に立ったわけでしょう。けれども、偽造なら資料的な価値はありませんね。

髙橋　そうですよ。ソ連のＧＤＰは全部ウソだったため、ソ連の後継国家となったロシアにもソ連時代のＧＤＰのデータが全くないのです。つまり、ソ連ではずっとＧＤＰのデータはあったのにロシアではそれを全部消してしまいました。ロシアのＧＤＰのデータは１９９

2年以降のものしかありません。

石平　とすると、ロシアのGDPのデータは約30年分しかないわけですね。約30年前と言うと、中国なら天安門事件の数年後、日本であればバブルが弾けたあたりくらいでしょう。そう考えるとロシアはまだGDPのデータ蓄積が少ないということになります。

◇中国は偽造統計のやり方をソ連に学んだ

髙橋　中国の統計が信用できないという点もソ連の影響です。

石平　中国共産党は創設時からソ連の支援を受けていましたし、中華人民共和国の建国後もしばらくはいろいろな面でソ連に大きく依存していました。

髙橋　建国後にはソ連から1万人ものロシア人顧問団が北京にやって来て、ロシア語を習得した4万人の中国人とともに中国の産業育成に当たったのです。しかも当初、中国経済の大改革を断行したときの司令塔は実はソ連大使館でした。

当時の目標は中国経済が10年以内にイギリスを追い越し15年以内にアメリカに追い付くというものです。結局、アメリカに追い付くという壮大な目標は実現できなかったものの、中国の産業はそれなりに育っていきました。

1960年に毛沢東はロシア人顧問団を追い返し、ソ連式のシステムを中国独特のシステムに改め始めました。以後、中国は大躍進政策や文化大革命を経て鄧小平の改革開放を迎えたわけです。

石平 ロシア人顧問団が持ち込んだソ連式のシステムには中国式に改めたものもあるし、そのまま残ったものもありますね。今の中国の国有企業もソ連式のシステムを引きずっています。

髙橋 そのまま残ったソ連式のシステムの1つが統計のやり方です。中国は統計のやり方を社会主義国家の先輩であるソ連に学んだのです。

当然ながら、ソ連の統計のやり方には偽造統計も含まれていた。となると中国が正確な統計の取り方をしているはずがありません。通常、生徒は師匠に従うので、師匠がデタラメだったら生徒も真面目に師匠のデタラメを真似するわけです。

そのことが今日の中国経済の統計が全く信用できない元凶ともなっています。

石平 中国はすでに第2位の経済大国です。2010年にGDPで日本を追い越したからで、そのときのGDPの数字ももちろん中国政府が発表したものでした。

髙橋 だから、それも怪しい。ソ連のGDPが6割減だったことからすると、中国が日本を追い抜いたときも中国のGDPは6割減で考えるべきだったかもしれません。しかし当時はそれを検証する術《すべ》はありませんでした。何だか変だなと思っている人がいても、中国のGDPが間違いだとは断定できなかったのです。

石平　ソ連のように中国共産党による政治体制が崩壊しない限り、中国政府の発表するGDPがどの程度正しいのかはわからないということですね。

髙橋　そうです。だから将来、中国もソ連と同様にウソの統計のために過去のデータが全部消えてしまう日が来るかもしれません。

◇ウソの統計で自らの首を絞める中国政府

石平　では、先ほど言った中国の国家統計局と財政部の数字が違うというのはどう解釈すればいいのですか。

髙橋　中国政府としても統計の数字が多くなりすぎて、整合性に気を使うという姿勢が緩んできているんじゃないですか。

石平　私のような外部の人間だと、国家統計局と財政部の数字が違うと、やはり戸惑いますね。それで自分の計算が間違っているのではないかとけっこう自分を疑うようなこともあるのです。

ソ連の統計の場合は、そういう点はうまくやっていたことになりますね。

髙橋 だからサミュエルソンもソ連の統計にまんまと騙されたのです。

中国では統計に齟齬があっても、あまり注目されないなら放っておきます。しかしけっこう目立ってきてヤバくなると、数字をこっそり直すのです。それであるとき、外部の者も数字が変わっていることに気が付く。

石平 なるほど。しかし数字を変えた後の統計を初めて見た人は、数字を変えたことが全然わかりません。

髙橋 中国の統計にはそういう数字の手直しがよくあります。

コロナの統計でも患者の数などをいつもこっそりと直しているんですよ。しかもコロナ患者の集計方法もころころと変えます。本来、そんなことをしてはいけない。

しかも普通の国なら、集計方法を変えるときには変える前のやり方と変えた後のやり方による2つの統計を出します。中国ではそれを絶対にしません。しかし、やり方を変えることで前の統計がわからなくなってしまいます。

石平 となると中国政府が発表したもともとの統計の数字がウソであるうえに、さらに数字を変えてウソのうえにウソを塗り重ねるということですね。

髙橋 ＧＤＰに話を戻すと、中国の場合は6割増しをしている可能性が高いでしょう。10と言っているのが4だとすると、中国政府はGDPを倍以上に膨らませてきたのです。ソ連もそうでした。

石平　改めて言うと、統計では中国もソ連と全く変わらない。だから中国のGDPの成長率の数字はウソであって、当然、毎年の成長率で計算した中国経済規模もウソであるということですね。

髙橋　毎年毎年ウソをつくから、そのウソがどんどん積み重なってしまうのです。

石平　ウソというのは他人を騙すだけではなく、結局、自分の首も絞めることになりませんか。

髙橋　中国政府も結局、ウソの統計に基づいて経済政策を展開することになるので、石平さんの言うように自らの首を絞めることになるわけです。

◇習近平に忠誠を誓う日本人・中国研究者の異常な反応

髙橋　私は中国の統計がウソであることは以前からわかっていました。それで『中国GDPの大嘘』という本を書いて2016年4月に出版したら、抗議がどんどん来た。

石平　まさか中国政府からですか。

髙橋　抗議は中国政府でも中国人でもなく日本人の中国研究者たちからでした。

あの本では基本的に2つの根拠に基づいて中国のGDPのウソを暴いています。前述したように1つが中国の輸入からGDPのウソが推計できるということ、もう1つが中国の国家統計局は組織も統計の手法もソ連と全く一緒なので中国のGDPも水増しされているということ。

研究者で反論があるのなら、髙橋の考え方はこういう理由で間違っているという論文か本を書けばいいのです。実際に普通、研究者はそうやって反論して終わりになります。

ところが、そのときは日本人のいろいろな中国研究者たちから次々に抗議があったのでした。異常な反応です。しかも全然関係のない脈絡で何人も抗議してくるので、本当にびっくりしました。全く理解できないことです。

石平　猛烈に抗議してきたのは、やはり髙橋先生の本が中国にとっていちばん痛いところを突いていたからでしょう。

髙橋　そう思います。

さらに驚いたのは、中国研究者たちは私が勤務している大学にも抗議に来たことで、大学に対して「髙橋は不正研究をしている。いかがわしい」と言うのです。私が不正研究をするはずがない。しかし「不正研究だ」と言われて、大学としても仕方なく弁護士の入った第三者委員会を設けて調べることになってしまいました。

普通の学者なら勤務先にまで抗議に行くようなことはしません。反論はやはり論文か本で行います。それが中国研究者たちのやり方は全然違って、平気であちこちに行って抗議するのです。

石平　背後にはやはり中国政府がいるんじゃないですか。つまり、中国政府の圧力を受けて日本人の中国研究者たちは髙橋先生に抗議してきた。

髙橋　そういう可能性もあるでしょう。

本への抗議だけではなく、私が中国について普通の話をしただけでも、気に食わない内容だとやはり中国関係のいろいろな人が抗議してくるのです。それも中国側の一種の人海戦術かもしれません。

石平　『中国ＧＤＰの大嘘』の続編は出さなかったのですか。

髙橋　出版できませんでした。私はやりたかったのに、出版社が中国研究者たちからの抗議にビビってしまったのです。

石平　中国研究者たちのやり方はやはり効果があるんですね。

髙橋　彼らは日本側の弱みをよく知っていますよ。

◇親中派に豹変する人たち

髙橋　私が公の場で中国関連企業に対してちょっとでも批判めいたことを言うと、やはりあちこちから批判が来ます。

例えば以前、テレビで「鴻海《ホンハイ》がつくった製品は使いません」と発言したことがありました。この鴻海は正式な名称は鴻海精密工業でフォックスコンとも呼ばれており、台湾の企業ながら、他社から委託を受けて中国で主にスマートフォンや薄型テレビを製造しているので、もう中国企業のようなものです。だからそんな企業がつくった製品は使いたくないので、正直にテレビでそう言ったところ、相当な批判が来ました。

石平　鴻海と中国の結びつきは非常に強いですからね。

髙橋　ほかにもあります。シーインという中国のファッションの通販サイトがあって、やはりテレビで「こんなサイトで商品を買ったら、購入者の情報が全部中国に抜かれてしまう」と話したら、やはりものすごい量の抗議が来ました。

抗議してくるのは日本人なので、習近平の味方や子分らしき人たちが日本には驚くほどたくさんいるということです。

石平　しかし中国には日本のために頑張る人は誰もいません。

髙橋　日本には習近平のために頑張る人たちが驚くほどいます。

石平　政界、財界、学界にもいっぱいいるでしょう。

髙橋　本当に多い。習近平自身はそんなことは知らないかもしれません。

相手は中国人ではなく日本人だから、いわば「内なる敵」であって、それがいちばん厄介なのです。彼らを潰さないといけない。しかし潰しても潰してもたくさん出てきます。日本人なのになぜあんなに中国に忠誠を誓っているのか、不思議です。

石平　いちいち潰すというのも大変ですね。

髙橋　大変ですよ。不愉快だし、何より面倒くさいといつも思っています。面倒くさいというのもよけいな時間が取られるからです。向こうとしては人の時間を取るだけでも勝ちでしょう。

石平　抗議だけではなく懐柔しようとするところもあるんじゃないですか。

髙橋　ありますね。中国の大手通信機器メーカーのファーウェイは頻繁に「ご理解を賜りたくお会いしたい」と言ってきます。もちろん、そんなことに時間を取られるのは嫌です。だから、いつも断っています。「ご理解を」と言われても、私が理解するはずがないじゃないですか。

石平　お金がらみの話もあるでしょう。

髙橋　私にお金を提供するという話はあります。原稿を書いたり講演をしたりすると相場よりもかなり高い金額を出す。当然、私はそういう話にも絶対に乗りません。

石平　実際にはそういう話を引き受ける人もいるはずですよ。

髙橋　基本的に人はお金に引っ張られて動きますから、お金をもらって中国とズブズブの関係になった人はいるでしょう。
　急に今までの意見を変えて、突然、中国派になった人もいますよ。やはりそれにはお金が絡んでいるんじゃないでしょうか。

◇単身での訪中はハニートラップOKの合図

石平　習近平に味方する日本人がいて、日本には内なる敵がいるということでした。では中国側が直接、日本に対して工作するということでは何があるでしょうか。

髙橋　やはりハニートラップですね。私はいろいろなところで、中国のハニートラップに引っかかった日本人の話を聞いてきました。中国によく行っているのに中国の女性の話だけはしない人を知っています。だから私は、その人はハニートラップにはまっているかもしれない、怪しいと睨んでいるのです。
もちろん私自身は引っかかったことはありません。

石平　私もないですね。
いずれにせよ、むこうは日本のことをしっかりと研究しています。

髙橋　まさしく中国側は本当によく研究していますね。
やはり女性を使うというのがいちばんコスパのいいやり方でもあるし、特に政治家についてはハニートラップが効果的だとも考えているでしょう。

石平　日本の政治家にハニートラップが仕掛けられる場所は、日本ではなくやはり中国ですよね。

髙橋　だいたいそうです。
中国に行ったことのある日本の政治家はみんな中国自慢をしたいらしい。だから私はネット番組でいつも何気なく、そういう政治家に「中国に何回行きましたか」と質問し、次に「一緒に奥さんを中国に連れて行ったのですか」と必ず聞くわけです。これに「連れて行っていない」と答える政治家は危ない。

石平　奥さんがいなければ中国で羽を伸ばせますからね。

髙橋　そこが中国側の狙い目です。奥さんを連れて行かないと「ウエルカム」というシグナルになってしまいます。逆に奥さんを連れて行くと「ノーサンキュー」になるのです。それが外交の常識。国の首脳がファーストレディを連れて外遊に行くのもやはり「ノーサンキュー」だからです。

私は、奥さんを連れずに中国に行く回数が多い政治家ほど危ないという仮説を持っています。

石平 日本の某大臣などもシャトルのように中国を頻繁に訪問しています。彼は奥さんを連れて行きません。

髙橋 用心深い政治家なら1人で中国に行くはずがない。ハニートラップに引っかからないほうがおかしいですよ。

また、自民党には中国人の女性を秘書にしている参議院議員もいます。その中国人の秘書は国会の通行証を持っているので、国会のほとんどの場所に自由に行くことができます。

自民党にさえ、それだけ中国側の手が伸びているとも言えるでしょう。

石平 日本のマスコミも中国の影響を受けていますね。

髙橋 そうです。大手マスコミのほとんどは中国と交流があります。支局がないと中国で活動できないから、中国に支局を置いてもらうために媚びへつらうんですよ。

支局ができたら記者は東京から中国に行くわけで、そういう記者たちが中国に行って帰ってくると、だいたいみんな親中派に変わっていると言われます。中国側も、この記者はこうすれば籠絡できるということがわかっているのですよ。

石平　それは中国の得意なことですからね。

◇夜の明かりで中国のGDPのウソが見抜ける

髙橋　中国の発表するGDPはウソだという話をしてきました。関連した話をすると、中国のような独裁国家が自己申告しているGDPの数字が正しいのかどうかが、衛星で測ったその国の夜間照明から判断できる、という研究も行われています。

石平　シカゴ大学でやっていると聞いていますが。

髙橋　そうです。シカゴ大学の経済学者たちによる研究です。

この研究は、独裁国家が発表したGDPの数字とNTL（宇宙から衛星が記録した夜間照明）の明るさを比較することで、独裁国家におけるGDP成長率が誇張されていないかどうかを判断するというものです。

専門的な用語は省きますが、GDPの大きさとNTLの明るさは対応しており、一定の大きさのＧＤＰであれば一定の明るさのＮＴＬになる、ということがこの研究の前提になっています。

したがって発表されたＧＤＰの大きさに比べてＮＴＬが明るくなければ、ＧＤＰの大きさを過大に申告していると判断できるわけです。

もちろんＮＴＬの明るさは一時的に測ったデータではなく、１９９２年から２０１３年まで20年以上という長期にわたって測ったもので、しかも１８４ヵ国についてのデータも参照されています。本格的な研究であり、それだけ厳密に検証しているということです。

石平　民主国家であればＧＤＰの数字も正直に発表します。しかし独裁国家はそうではありません。だからこそ、この研究に大きな意味があるということですね。

髙橋　独裁国家がＧＤＰの数字を正直に発表するなら、この研究の必要性もそんなにないでしょう。逆に言うと、この研究は独裁国家の発表するＧＤＰの数字はウソではないかということが出発点になっているのです。

石平　ただし独裁国家のＧＤＰと言っても、小国であればそれがウソでも世界経済に対する影響は小さい。だから、世界第２位の経済大国となって世界経済への影響も大きい中国のＧＤＰの数字が正しいかどうかを判断するのにこの研究は重要だということですね。

髙橋　もっぱら中国が対象になっているといってもいいでしょう。

石平　ソ連があった時代にはまだ衛星から夜間照明の明るさを測っていませんでしたからね。

髙橋　今も衛星から夜の地球を見ると、アメリカ、日本、韓国などが明るいのに対し、北朝鮮には全く光がなく、中国もそれほど明るくありません。

石平　中国では夜は電気をつけないというような風習はあるのですか。

髙橋　いや、都市部では。

石平　中国政府でも衛星から測る夜の照明まではさすがにコントロールできない。

髙橋　それでこの研究はどんな結果になっているのですか。

石平　独裁国家が毎年ＧＤＰの成長率を35％も誇張しているということがわかりました。つまり、ＧＤＰを35％水増ししています。だから中国もそういうことをしてきたのです。

髙橋　また、１９９２年と２０１３年の中国のＮＴＬを比べると、２０１３年はＧＤＰからすれば、もうちょっと明るくていいということにもなります。

石平　21年の差のある写真で比べると、中国政府の発表したＧＤＰなら２０１３年はもっと明るくなっていていいはずだということですね。

髙橋　ここまで客観的なデータに基づいて中国のＧＤＰがウソだということを示した研究は初めてでしょうか。

髙橋　そうだと思います。

1992年と2013年の世界の夜間照明

1992年

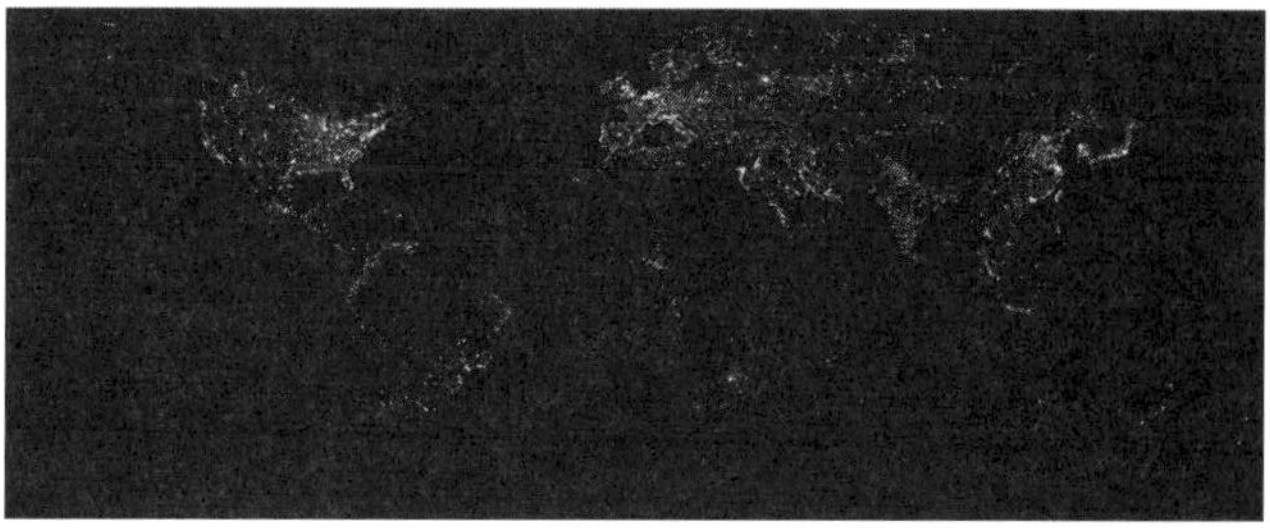

2013年

出所：NOAAがDMSPデータを用いて作成した年間コンポジットに基づく

石平　この研究に対して国際的な反応はどうですか。

高橋　みんな、やっぱり中国はＧＤＰを誇張しているという感じで見ています。

石平　今の時点でこの論文に対するまともな反論はあるんですか。

高橋　ないですね。反論するのもけっこう大変なので。おそらく無視しているんじゃないでしょうか。

石平　反論もできない。

高橋　研究の論文を出したのがシカゴ大学ですから、私に対するようなプレッシャーをかけられないのでしょう。しかも、すでに何回も新しいバージョンが出ています。

ただし新しいバージョンが出ているとすれば、中国から文句が来ているということかもしれません。つまり、文句が来るたびに新しいバージョンを出しているとも考えられますね。これからも研究の論文が出続けるのは中国でも止められませんよ。

第3章

不動産バブル、本当の恐怖

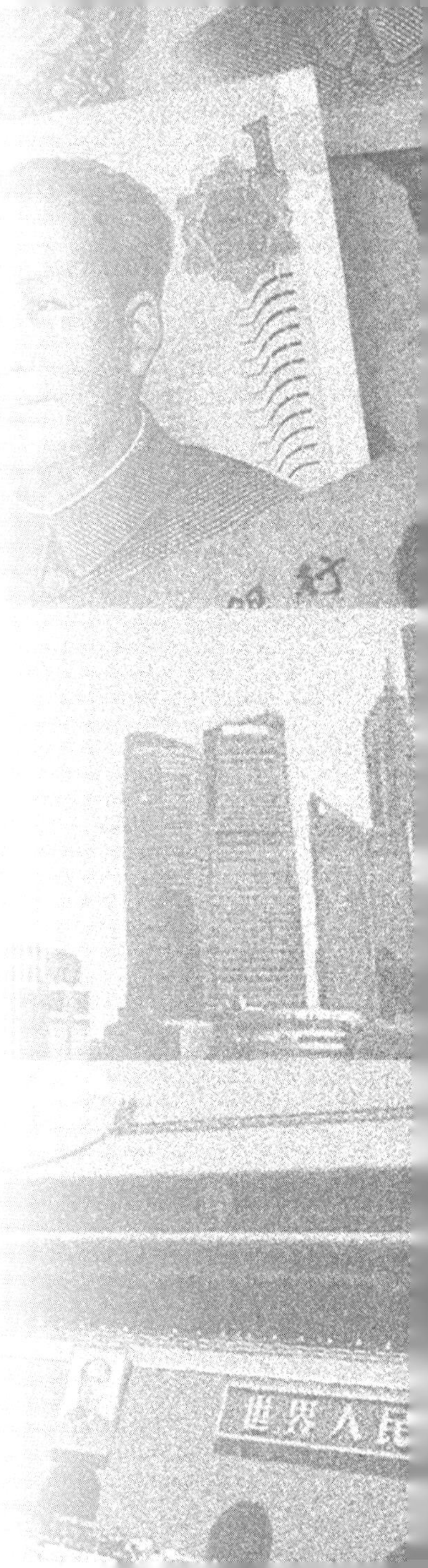

◇使用権だけで取引する異常

石平　去年の中国経済の異変では不動産投資が大幅にマイナス成長となったことが挙げられます。前述のように22年1年間の不動産投資は前年比で10％減でした。どうして不動産投資が減っているのかと言うと、特に住宅が売れなくなってしまったからです。

国家統計局の発表では去年1年間で中国全国の住宅の販売面積は24・3％減、売上総額は26・7％減。どちらもいきなり20％以上減っています。これがけっこう大きいのです。

髙橋　大きいですね。経済のマクロ的な崩壊かもしれないという感じがします。

石平　中国では不動産業が中国経済の支柱産業だと呼ばれてきました。

髙橋　ただし中国の土地は全て国有ですね。だから中国の不動産業は土地の使用権の販売だけ成り立っています。

私が以前、中国に行ったとき、中国人たちが「土地だ、土地だ」と話しているのを聞いても、土地がどこにあるのかわからないわけです。誰も土地の場所を言わないで権利の話ばかりしていました。だから、それは土地ではなく紙切れの話だと思ったんです。

日本では使用権だけの販売はあまりありません。つまり、借地借家だけの取引は少なく

不動産販売面積が低迷

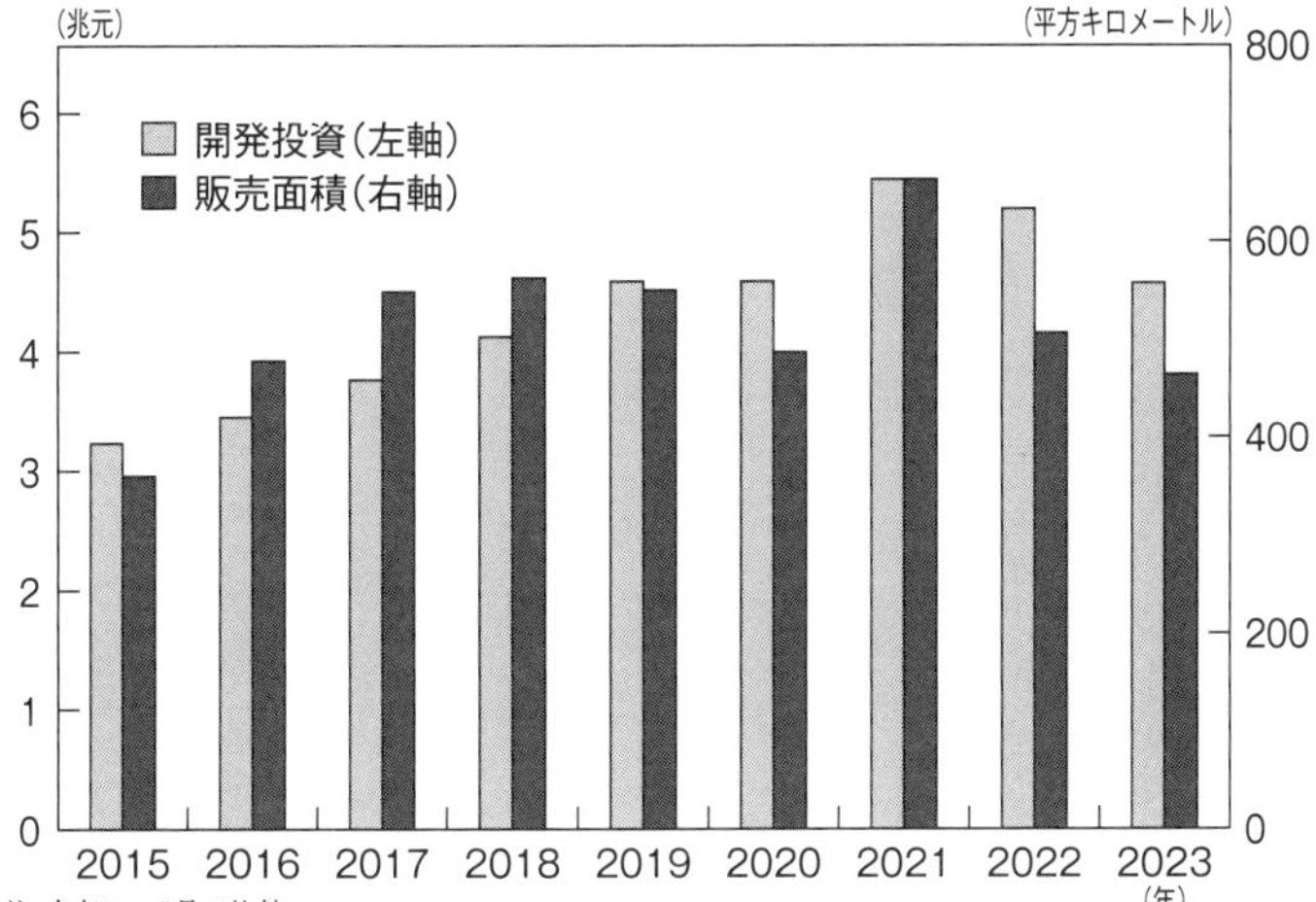

注:各年1～5月で比較
出所:中国国家統計局

て、やはりほとんどは最終的に所有します。これは日本ばかりか、どこの国でも一緒ですよ。

中国人は土地の使用権だけの取引について何とも思わないのですか。

石平　中国人は誰もそれを問題だとは感じていません。中国の土地の使用権には期間があって基本的には70年間です。中国人からすれば70年先は遠い将来の話なので、中国では所有権か使用権かなどというのは全く問題になりません。

髙橋　土地の使用権の期間が長くても、やはり所有の場合とは不動産の販売の仕方も違いますね。

石平　そうです。中国の土地は全部国有地なので、開発業者が住宅をつくるときには、各地方政府から国有地の使用権を譲渡してもらいます。開発業者はそのために地方政府に土地譲渡金を払い、それで取得した土地に住宅をつくって消費者に売るのです。一方、消費者は銀行にローンを組んでもらって住宅を買います。

地方政府にとっては土地譲渡金は大きな財政収入です。土地譲渡金によって半分以上の財政を賄ってきた地方政府もけっこう多いのです。

◇日本とは全然違う中国の不動産バブル

髙橋　中国でも不動産バブルが起こりました。

石平　最初はみんな自分が住むために不動産を買ったのです。ところが、しだいにお金を生む道具として不動産をとらえるようになり、2軒も3軒も買い始めました。例えば月給1万元の人がマンションを購入すると月に4000~5000元のローンを払わなければなりません。それでもまだ2軒ぐらい買うわけです。これはけっして珍しいケースではないし、近年は30軒、50軒、100軒を買う人も出てくるようになりました。

髙橋　それは購入したマンションを転売して儲けようとするポンジスキームというものですね。

石平　中国の不動産市場が繁栄してきたのは、個人の家計がみんな銀行から借金して住宅を買うようになったからです。その結果、不動産価格も普通のサラリーマンの年収の何十倍にもなっています。日本では信じられないほど高い。中国の不動産市場はこの20年でもう完全にマネーゲーム。

髙橋　マネーゲームであり不動産の金融商品化でもありますね。

石平　中国では不動産がまさに金融商品になってしまいました。だからみんなも金融商品のように不動産を買って値上がりを期待するのです。

そうやって毎年莫大な不動産のニーズが出てきて、不動産開発業者も誰かが住むためではなく投機のために不動産をつくっていきました。今や中国全体で34億人分の住宅ができています。これは中国国内でよく言われる数字で、アジア人全員が中国に来ても住めるわけです。

髙橋　一応、中国の人口は14億人とされていますね。それなのに34億人分の住宅があるなんて、中国らしいと言えば中国らしい。しかし必ず限界が来てしまいます。

石平　当然、いつまでも続くことはありませんね。

髙橋　中国の場合、土地の使用権の取引なので不動産の価格がどのようにして決まるのかわかりにくい。使用権の取引だけだと、土地に良いも悪いもないため、机上で計算ばかりしていて、価格だけのマネーゲームになりかねません。架空取引みたいなこともできてしまいます。使用権という形で目に見えないから、価値を膨らませるのは簡単なんですよ。

石平　中国では土地の使用権が不動産価格に悪影響を及ぼしているわけですね。言い換えれば、中国の不動産は本当の意味の不動産ではない。

高橋　日本で使用権の取引があまりないのは、わけがわからないものに価値をきちんとつけられないからですよ。日本の一般的な不動産取引では、買う側がきちんとした権利を全部排他的にもらい、それに対する対価として価格が決まるのです。本当の土地の取引だと平らな土地と傾斜のある土地とでは当然、価格に差が出てきます。それは住むのにいい土地と悪い土地の差であり、全体として土地はそんなにべらぼうな価格になりません。また、本当の土地だったら見れば収益率がわかることも、異常に高い価格にはならない要因になっているのです。

石平　だから日本のバブルでは不動産の価格にも歯止めがあったわけですね。

高橋　日本のバブル時代は基本的には、購入したマンションに住んだし、投資でマンションを買ったとしても完全な所有物だったので金融商品にはなりませんでした。だから日本ではバブルのときでも例外はありますが、一般的には不動産価格は年収の5倍以上には行かなかったのです。土地取引の対象は実際の土地だったし、そこには不完全な土地も含まれていたので、価格にも限界があったのです。一方、中国のバブルでは価格の天井がはるかに高い。

石平　本当の土地の取引かどうかで同じ不動産バブルでも中国と日本では様相がずいぶん異なりますね。日本ではいくらバブルが崩壊しても土地は残ります。中国はもうバブルそのものです。

高橋　中国では土地の使用権だから紙切れですよ。

石平　つまり、中国の土地には最初から何の価値の裏付けもない。

高橋　もともと使用権という中身がないものを売っているんですよ。

石平　逆に言うと、裏付けがいらないからバブルはいくらでも大きくなるのでしょう。

高橋　だから、年収の何十倍というレベルの住宅価格になってしまうのです。

石平　しかし最近では新規分譲マンションがもう売れなくなってきました。同時に価格ももう上がりません。経済状況も悪くなって、値上がり期待で2軒、3軒を買っている人もそのローンを払いきれなくなっています。それで、仕方なく値下げして売ろうとしても、今度は誰も買ってくれません。

高橋　弾けるときが必ず来るからバブルなのです。

◇全国民が「負債の時代」

石平　中国のバブルは債務問題の視点からも見ることができます。

中国社会科学院の研究員で国内でも著名な経済学者が今年4月11日に、「今の中国経済ではデフレがすでに始まっており、これから衰退の局面に入る」と発言し、「全国で7億人が負債を持っており、中国が全国民の負債の時代になった」ことをデフレになる最大の理由に挙げています。7億人の負債というのは老人や子供などを除いた普通のサラリーマンみんなが負債を負っているということです。

また、彼は「今の中国の家計の負債率（収入に対する債務）は137・9％にも達している。負債が多いとされるアメリカ人でさえ負債率は90％程度だ」と述べています。

髙橋　137％というのはめちゃめちゃ多い。アメリカ人は借りるお金がけっこう多いほうであっても、きちんとした資産があって借りています。

さっきの中国でのマンション購入方法は資産を水増しするものなので、信用収縮があると水増しした資産も一気に縮んでしまうでしょう。危ないですね。

石平　では、具体的な負債はどうかと言えば、ある研究機関が発表した数字では2021年末の時点で中国の個人・家庭部門の負債総額は200兆元でした。ちなみに、中国の22年のGDPは政府の発表では約121兆元です。

しかもこの負債総額には企業の負債も地方政府の負債も入っていません。

高橋 中国では国民全員が借金をしまくっています。

石平 みんながどんどん借金をしてきたのも大半は不動産購入のためでした。それでも不動産価格はまだ非常に高い。だから負債に対する名目上の財産もまだあるわけです。しかし不動産価格が大幅に落ちてしまったら、もう負債だらけの世界になってしまう。

高橋 遅かれ早かれ、そうなりますね。

◇バブルが弾けない理由

高橋 しかし不動産バブルを維持することは可能なのです。銀行のほうで不動産開発業者にずっとお金を貸し続ければいい。中国では銀行は国有です。だから国有銀行がずっと貸し続ければバブルは維持できます。

石平 しかし銀行には貸し付けの限界はないのですか。

高橋 貸し付けの限界はあります。けれども銀行が「全く大丈夫だ」と言ってしまえば大丈夫なのです。通常、実体があって価値が評価されるものだとその価格が下がってバブルが弾けてしまいますが、土地の使用権には実体がないので、バブルもずっと維持できる。

石平 銀行が実体のないものにお金を貸すと裏付けのないお金がますます増えます。そのお金が市場に流通すると大変なインフレになるんじゃないですか。

髙橋 そのあたりはどうなのかはよくわかりません。しかし、ごまかすことはけっこうできる。実際、今もごまかしているじゃないですか。

石平 いつか限界が来るでしょうけど。

髙橋 中国政府の銀行当局が国有銀行を監督しているので、中国政府が限界だと言わなければ絶対にわかりませんよ。だから、たぶん言わないでしょう。

石平 それはそうですね。

髙橋 不良債権があっても中国政府が「不良債権など一切ない」と言い、銀行も「不良債権はない」と言い切るのであれば、砂上の楼閣がずっと続いていくはず。

もっとも、どこかで間違うととんでもないことにはなります。しかし、その場合もとんでもないことにするかしないかは実は中国政府しだいなのです。現実的には、とんでもないことが起こっても、とんでもないことにしないで、ずっとごまかしていくのではないでしょうか。

石平　いつまでもごまかすということですか。

髙橋　案外、何十年もごまかせるんですよ。

石平　なるほど。しかしすでに中国政府は何十年もごまかしてきましたね。

髙橋　ソ連は70年間もごまかしました。ソ連でもゴルバチョフのような人物が改革に乗りださなければ、もっとごまかすことができたに違いありません。

石平　ごまかせば中国でもバブルをそのまま維持できるということですね。

髙橋　だから、たとえバブルが弾けたとしても中国政府は何も言わない。要はバブルが弾けたことがわかっていても、それを言わないようにすればいい。

石平　実際にはバブルが弾けたのに言わなければバブルを維持できるのですか。また、不動産も売り続けられるのですか。

髙橋　確かにバブルが弾けると、たぶん不動産市場では新築はできません。しかし誰も住まない物件を持つ不動産開発業者に銀行が融資をしていけばいいのです。

それで銀行としては、購入にお金を貸し付けた物件を回収できるという形になるので、表面上は危ないということにはなりません。不動産開発業者もあえて銀行からお金を借りて、またそのお金を返していくのです。

このように意図的にバブルを維持していくのはちょっと変な話ではあります。でも、これはやろうと思えば案外できる。

日本の場合、そういうことをやると銀行は背任になって刑事罰を受けます。背任になるのは収益が出せないことが自明だからです。

しかし中国では同じことをしても背任にはなりません。

石平　日本では背任になる方法でも中国では許されているから、それで何とかバブルを維持できるということですね。

髙橋　維持できるはずですよ。

◆マンション建て替えという不動産市場維持の苦肉の策

髙橋　日本のバブルの場合も、行き過ぎた不動産価格の高騰を沈静化させることを目的に、不動産向け融資の伸び率を貸し出し全体の伸び率を下回るよう求めた「総量規制」がなければあのまま続いたのではないかという議論はあります。しかし日本は民主主義国で自由に発言できるから、総量規制がなかったとしても必ずほころびが出てしまいます。だからバブルの維持などできず、遅かれ早かれ、日本のバブルは崩壊していたはずです。

それに日本の金融機関の多くはやはり国際市場でいろいろな取引をしていて国際的なデ

ィスクロージャー（情報開示）などの規制に従っているため、たとえ隠そうとしても資金の破綻はバレる。

同様に、中国であっても不動産開発業者が海外の金融機関から融資を受けていると、不動産市場維持の片棒を担いでいることが必ずバレてしまいます。すると海外の金融機関はその不動産開発業者にダメだという烙印を押して融資を断ってしまうわけです。

石平　だから、中国恒大集団の不良債権が大きな問題となったのですね。

高橋　恒大集団は海外の金融機関から資金を調達していました。国内だけで資金を調達していたらバレなかったのです。

だから、やはり不動産開発業者が中国の国有銀行だけから融資を受けていればバブルの維持も可能なのです。

石平　無理やりバブルを維持するとしても不動産の値下げができるのですか。

高橋　値下げをしてはいけません。

石平　実際、中国の不動産の新規の販売面積は激減しています。22年は前年比で19・9％、さらに23年1月から3月の販売面積は、前年比で26・8％も減少しました。もうみんな買わなくなってきています。

通常なら需要が減れば価格は下がるのにそれもできない。しかもすでに大量の住宅ができ上がっていて、供給過剰です。それを流通させるとなると、ますます新規の不動産など誰も買わなくなります。

高橋 新規の不動産がほとんどなくなると、ＧＤＰも減る。

石平 例えば２０２０年を例に取ってみても、１年間の不動産投資がＧＤＰの14％をつくり出しました。波及効果も大きいわけです。

今後、不動産が売れなくなると、不動産開発業者もますます投資することもしなくなってしまいますね。

高橋 当然、投資をしなくなります。

石平 となると不動産投資はＧＤＰの十数％、場合によっては波及効果を含めて３割くらいつくり出しているものが萎縮してゆく。それはどうにもならないのでしょうか。

高橋 手はありますよ。悪事に手を貸すようですが、今たくさん建てているマンションを壊して、グレードアップしたものと称して建て直すのです。もともと人が住んでいないマンションなら容易でしょう。

日本なら考えられませんが、所有権のない中国ならこのような馬鹿げた政策も可能で、これで不動産市場をもたせることができるはずです。

石平 全国で大暴動が起きますよ。

高橋　大暴動が起きても、辻褄を合わせて不動産市場を維持するにはそういうやり方しかありません。

石平　というのは、中国人の何億人もの人たちが一応、土地の所有権はなくても不動産は持っていると思っていますからね。もしそれを取り上げて潰すなら、中国は天下大乱です。中国人は自分たちの財産を守るときには命をかけますから。

高橋　ですから、財産としては今と何も変わりません。それを「あなたたちの持っている物は壊す。しかしそれよりもっといい物をあげる」と言って説得するのです。つまり、新しい物をあげるために今の物を壊すだけだ、という理屈。

石平　髙橋先生、やめてください。そんな悪知恵を中国政府に授けたら大変ですよ（笑）。

高橋　これは綱渡りです。不動産市場を維持するには有力な方法だと思いますよ。

石平　方法が他にないとしても、私が中国政府ならそれはやはりできません。

◆土地譲渡金がなくなって地方政府の財政も大打撃

石平　中国政府がたとえバブル維持のためにごまかしをしたとしても、実態としては今後、不動産開発業者がますます不動産をつくらなくなってしまうでしょう。

それで不動産投資が大幅に減ります。となると理論的に言えば、不動産投資がなくなって中国経済は場合によってはＧＤＰの３割くらいを失うはずです。これは不動産バブルの崩壊というよりも不動産産業自体の崩壊となります。

高橋 不動産産業の崩壊で土地譲渡金が入らなくなり、地方政府の財政も大打撃を受ける。

石平 中国の地方政府の大半が財政の半分以上を土地譲渡金で賄っています。不動産開発業者が不動産をつくらなくなると、当然、土地もいりません。土地譲渡金を払わなくなって、地方政府も破綻します。

高橋 土地の使用権がバブルチックになって行き詰まってしまうと、地方政府も行き詰まることになるのです。

石平 すでに地方政府の債務は大問題となっています。米ブルームバーグによれば、23年第1四半期の中国のＧＤＰに対する債務比率は２７９・７％と過去最大となりました。債務がＧＤＰの約３倍です。

高橋 バランスシートの問題で、資産があれば債務が大きくても別に大したことはありません。資産と債務の差が問題であり、ＧＤＰ比は重要ではない。けれども、たぶん中国の地方政府には資産がないでしょう。資産がなくて借金だけでＧＤＰの３倍もあるとすれば問題です。普通なら借金は資産よりも1割から2割ほど多いというレベル。資産がなくて借金

中国地方政府傘下の投資会社（融資平台）の債務残高

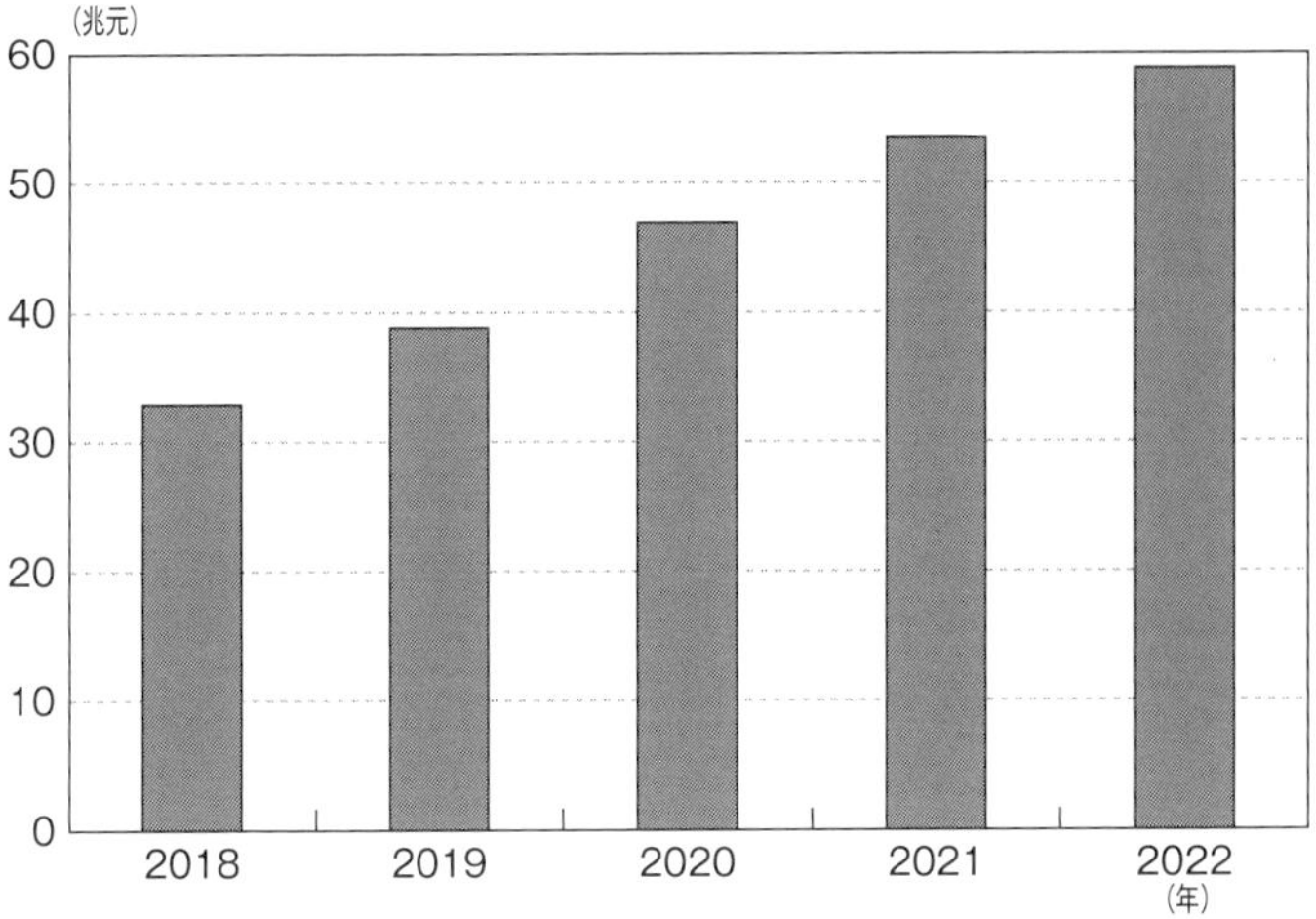

出所：米ロジウム・グループ

中国政府の土地収入

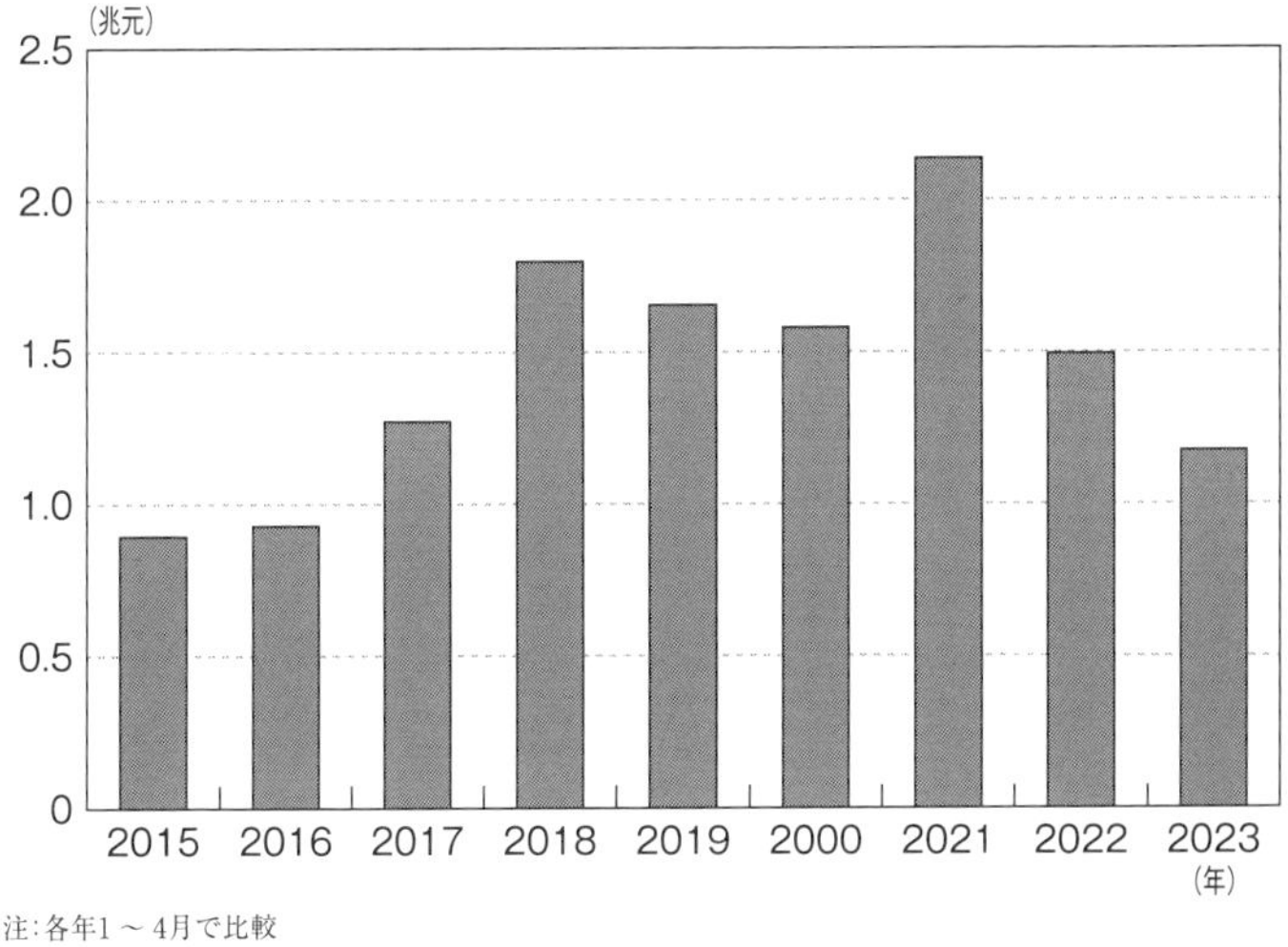

注：各年1～4月で比較
出所：中国財政省

がＧＤＰの３倍というのなら地方財政が破綻してしまいます。日本を含めて先進国であれば、中央政府も地方政府でもほとんど貸借対照表があります。それをみれば、中央政府も地方政府もその財務状況は一発でわかります。でも中国では、中央政府を含めて政府の貸借対照表の話を聞いたことがありません。

石平　地方政府の財政収入に対する債務の比率をみると信じられないような数字が並びます。例えば雲南省の場合１０７７％、甘粛省は９７０％、広西チワン族自治区は９１０％、天津は５３０％、重慶は３７０％。平均でも３８２％となっているのです。いずれの地方政府も収入より債務が大きい。蘭州という町は毎年の借金、もう財政収入のうち７割以上が利息の支払いとなっています。ここ数年間のうちに地方政府の債務は頂点に達するでしょう。おそらくそれまでに多くの地方政府も破綻します。

地方政府は財政収入に対してそれほどの債務があるうえ、さらに今後収入が大幅に減るのはやはり収入の大部分が土地譲渡金だからです。

高橋　中央政府と地方政府では収入の使い方が違いますね。

石平　中国でいちばん大きな税金である増値税のほとんどは中央政府が持っていきます。そうしたお金は中央政府が軍備拡大や治安維持などに使い、一方、都市の維持や最低限のインフラの維持、ライフラインの維持などの費用は全部、地方政府が負担しなければなりません。

にもかかわらず、土地譲渡金が減少の一途となれば、地方政府の財政は火の車。今や地方政府が破綻したら中国全体が完全に行き詰まるというところまで来ています。

◇卵を産む鶏を殺すような政策をとる地方政府

髙橋 しかし地方政府を破綻させるかどうかも中央政府で決めることができてしまうのではないですか。これもバブル同様、地方政府が破綻していても破綻してないという言い方になるでしょう。おそらく中央政府はすでにそう決めていると思いますね。

石平 地方政府を破綻させないということですか。

髙橋 いや、破綻しても全部ごまかすという話です。

石平 しかし、中央政府は23年3月の全人代（全国人民代表大会）で地方政府に対し、「地方政府の債務は中央政府は一切肩代わりはしないので、地方政府自ら処理してほしい」と求めました。自ら処理すると言っても非常に難しい。

髙橋 とはいえ地方政府自ら処理するというのでは、地方政府が発行する地方債を活用できると思います。どの国でも地方債を持っているのは、普通は金融機関です。中国はどうですか。

石平　地方債は金融機関だけでなく民間企業にも出資を募っています。

高橋　では民間企業からボロが出そうですね。ボロが出るのは地方政府が民間企業に利払いをしてくれないときでしょう。

利払いをしてくれないと民間企業は地方政府に文句を言います。しかし地方政府にいろいろな理由で首根っこを押さえられている民間企業だと、利払いをしてくれなくても地方政府に文句は言えません。そこでボロの出る可能性がいちばん高いのです。

石平　どういうことでしょうか。

高橋　地方政府はいろいろな許認可権をたくさん持っています。まず、地方政府はそんな民間企業に対して「利払いをしないのを黙っていてほしい」と言って利払いの負担を軽減できるのです。つまり、借金の利息を払わない代わりに、いろいろな許認可の権限を行使して金利分をチャラにしてしまう。それは許認可を高く売りつけることにほかなりません。

石平　なるほど。同じく政治権力を使ってとにかく民間企業から収奪することもできますね。地方政府にとっては簡単なことです。

高橋　現に中国の企業には共産党員が派遣されています。はっきり言えば、地方政府はその共産党員を通じて民間企業から資金を召し上げる仕組みをたくさんつくれるわけです。そういうことをしないはずがありません。

ただし、そんなことをすれば、民間企業の活動もだんだん鈍るので、全体として中国の成長率も下がっていくでしょう。

石平　言ってみれば、地方政府が生きていくために金の卵を産む鶏を殺すことに等しい。鶏がいなくなると金の卵が取れなくなります。

髙橋　まさにそうですよ。鶏が産む金の卵で生計を立ててきたのに、苦しくなって鶏を殺して食ってしまうということです。地方政府はだんだんそうなるんじゃないでしょうか。結果的に中国経済全体もダメになってゆく。

◆外資からの収奪で延命

石平　ここまでの対談をまとめると、大事なポイントの1つは中国のGDPはウソであることがほぼ確定したということです。成長率自体もウソで、おそらく本当の経済規模は発表の数字よりも何割かは少ないのです。

もう1つは中国は不動産バブルが支える経済で、そのバブルは日本と全く違う次元のものだということです。

髙橋　土地の使用権の売買という意味ではそうですね。

石平　しかも経済を崩壊させないためにはバブルを維持する以外ないのに、その一方で不動産投資も完全にダメになります。あるいは14億人の、その打撃はさらに大きい。ならば、中国経済はほぼ永久にマイナス成長になるしかありません。

髙橋　非常に成長しにくいですね。

石平　加えて地方政府の債務の問題も噴出します。

髙橋　地方政府の債務の問題は、中央政府の債務と違って発覚しやすい。でも地方政府には許認可がすごくあるので、そういう許認可をテコにしてもうちょっと生き延びられるかなという気はします。

石平　ただしそれも限界にきています。

髙橋　アコギなヤクザが出店からたくさん収奪するようなものですよ。地方政府が民間企業の上がりをたくさん求めるということになりますね。

石平　その結果、企業活動は落ち込んでしまう。金の卵を産んでいた鶏を殺してしまうことになり、中国経済もいよいよ完全にダメになります。

髙橋　だんだんそのような傾向は出てきているのではないでしょうか。アリババ創業者のジャック・マーなども「日本に来る」と言っています。ソフトバンクの孫正義氏が日本に招く

対中直接投資額の名目GDP比の推移

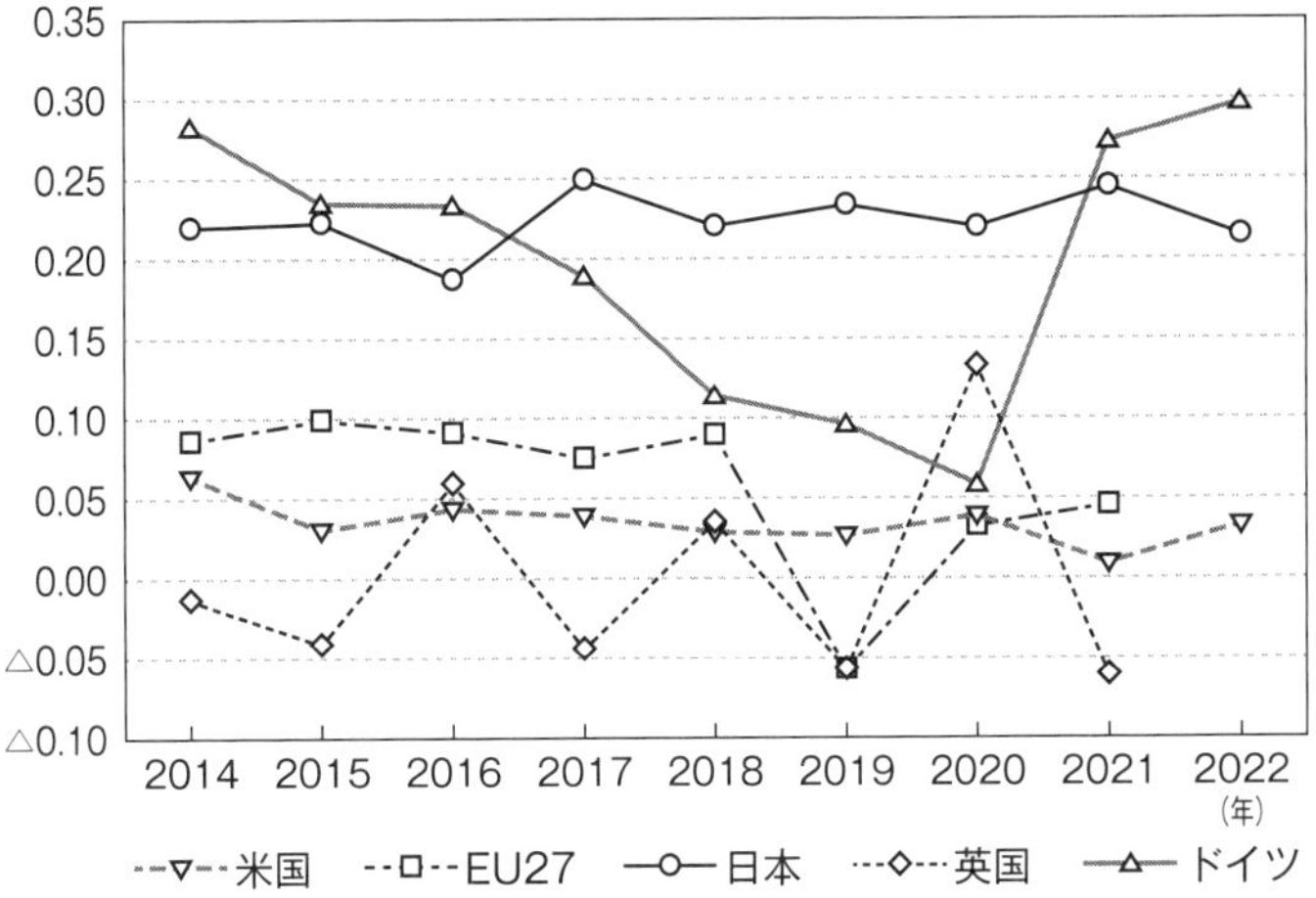

出所：内閣府、財務省（日本）、米商務省（米国）、EU統計局（EU27）、英国家統計局（英国）、ドイツ連邦銀行

らしい。これは典型的な例だから、全体の傾向とはちょっと違うとしてもわかりやすい。

石平　ただし中国には自国の民間企業だけでなく外資系企業も大量に入っています。鶏を食べ終わるまではまだ時間はあるのではないですか。

髙橋　確かに今までは外資企業が入って来ています。これは出て行きたくても出て行けないところがあるので、人質のようになってまだ金の卵を産むでしょう。それで食いつなげないこともありません。

　しかしたぶんこれからはもう中国に新しく投資する人たちはいなくなります。すでに中国にいる外資はなかなか出られなくても、新規に中国には行く外資はなくなるでしょう。

石平　収奪が始まるとますます新規の投資は入ってきませんね。となると、ますます今中国に入っている外資企業から収奪するしかないでしょう。

髙橋　中国の地方政府は、中国にいる企業にしがみついてでも必死になって絞り取るんじゃないでしょうか。

石平　これからそうなるでしょう。

髙橋　ただし、そういうことでもたぶん何年かはまだ生き延びられるのです。

石平　地方政府も何年かは維持できるかもしれないとしても、結果的に民間企業も外資も殺してしまいます。

髙橋　そうですね。

石平　中国では目下、外資含めて民間企業が中国の雇用の7割くらいを生み出しているのです。国有企業あるいは国家部門の雇用はせいぜい3割くらいなので、これから習政権の直面する最大の致命的な問題は大量失業ということになるでしょう。

第４章

人口減少はごまかせない決定的証拠

◇中国人の利用急増で日本の国民皆保険が破綻

高橋　中国では社会保障制度はどのくらい整備されているのですか。

石平　中国の社会保障制度は1つが医療保険で、もう1つが年金です。ただし都市部と農村部でも違っていて、農村部には社会保障制度はほとんどありません。

高橋　医療での日本のような国民皆保険制度もないわけですね。

石平　医療保険に関しては、中国の体制内の人々、つまり社会主義体制の国家公務員や共産党幹部にはちゃんと適用されています。都市部の国有企業の従業員もそうです。

　大半の庶民は医療保険に入っても使える部分が限られており、月200元しか使えません。今の中国で200元は風邪薬を飲んだらおしまいという程度の価値です。

　例えば交通事故でケガをして病院に運ばれても、病院からまず「お金払え」と言われます。中国では庶民はお金がなければケガの手当もしてもらえない。

高橋　皆保険がないとそうなります。

　これまで、けっこう多くの中国人が日本に医療を受けに来ているので、なぜかと思っていたら、中国では医療保険がほとんどないからなんですね。

日本では皆保険の建前上、外国人もそれを利用できることになっています。しかも短期滞在の外国人もその対象です。外国人が日本の皆保険を受けられる滞在期間を短くしたのは民主党政権のとき。さらに日本の野党系の国会議員は「外国人の短期滞在の人への手当ももっと手厚くせよ」などと言いかねません。しかも、日本の保険証は、顔写真がなく、通名でも構いません。このため、外国人の間で貸し借りや酷い場合、偽造の保険証が売買され、それを取得した人が扶養親族を海外から呼び寄せ、日本の保険制度を食い物にしている現実があります。

石平　日本の皆保険は外国人にも優しいのですね。

高橋　不正利用は論外ですが、正規の制度でも、普通の国では、外国人の短期滞在者にはその国の公的保険を使わせるのではなく民間保険を利用してもらう。そうでない日本は、短期滞在の外国人に皆保険が食われています。

恐らく今後、日本の皆保険目当てに安い航空運賃で日本に来る中国人がどんどん増えていく。

もともと中国人の親戚縁者も日本にたくさんいるので、中国でも日本の社会保障制度はよく知られています。親戚縁者から日本の皆保険を利用すればいいと誘われたら、中国にろくな医療保険がない以上、中国人がどんどん来るのはむしろ当然でしょう。それをあっせんするブローカーも出てくるでしょう。

石平　医療を受けるのを目的に中国から日本に年間1000万人も入ってきたら、日本の皆保険は破綻します。

髙橋　だから日本も、防衛意識を持たなくてはならない。何しろ中国人は数が多いし短期滞在で日本に来たら拒否しにくいですから。

石平　日本人が保険料を出している皆保険を中国人が利用して医療費を安く済ませられるというのはやはりおかしいですよ。

髙橋　日本でもそれがこれから問題になるでしょう。やはり他国のように外国人には民間保険に入って日本に来いと言うべきです。

また日本では年々、社会保障制度の維持コストが重くのしかかっています。しかし社会保障制度が未熟な中国ではそれがかからないでしょう。イギリスは、外国人の社会保障制度利用が契機となって、EU離脱まで追い込まれました。日本も相当注視しないといけません。

石平　日本に比べると維持コストが軽いのは確かです。けれども中国には国家公務員や国有企業の社員、軍人にはそれなりに充実した年金制度があるので、この維持コストはバカにできません。だから、中国政府では年金の負担が重くなっているということで、なるべく定年の時期を伸ばす方向になっています。

中国の民間企業については年金のプール自体があるのかどうかもよくわかりません。

◇人口減少の速度は日本の4倍

石平　今後の中国の10年後、20年後がどうなるかを考えるとき、いちばん大きな問題はやはり出生数が激減している現象です。

ご存知のように2015年まで中国政府は数十年間にわたって一人っ子政策を実施してきました。それを2015年にやめて第二子も容認しました。

高橋　一人っ子政策はけっこう長く続きましたね。

石平　一人っ子政策があっても2010年までの出生数は毎年2000万人以上だった。ところが、2015年には出生数が1655万人に落ちました。2015年10月に中国政府が第二子容認の政策を打ち出した大きな要因の1つです。

高橋　そのニュースは日本でも大きな話題になりました。

石平　一人っ子政策をやめたことにやはり多少の政策効果はあったのかもしれません。2016年の出生数は2015年より131万人増えて1786万人になりました。しかし20

17年になると再び減少する方向に転じて出生数は1770万人にまで落ちた。第二子容認の政策効果は1年しかもたなかったと言えます。
さらに2018年には出生数が1526万人となり、前年に比べて200万人も減った。2019年には1468万人となり、2020年にはコロナの影響もあって1200万人まで。以後、2021年に1062万人、2022年に956万人になったのです。
髙橋 いよいよ1000万人台を切ってしまいましたね。
石平 2010年から2022年までの12年間に出生数は2000万人以上から1000万人以下へと、1年間の出生数が半分以下になったのです。この減り方がすごく激しい。
日本でも少子高齢化で出生数は昭和から毎年ずっと減ってきました。しかし私が計算したところ、日本は出生数が半分に落ちるまで40年間かかっています。だから中国は、40年かかって日本がやったことにわずか10年ちょっとで到達してしまいました。
髙橋 中国の人口は去年61年ぶりの減少になりました。それは多くの人々が死んだというよりも出生数が極端に減ったことが大きいのでしょう。
石平 そうだと思います。
では今後、出生数が回復するかどうかと言うと、おそらく回復しません。1つの理由はやはり一人っ子政策を長年やってきたために、今の中国では一人っ子というのがもう文化

中国の出生数の推移

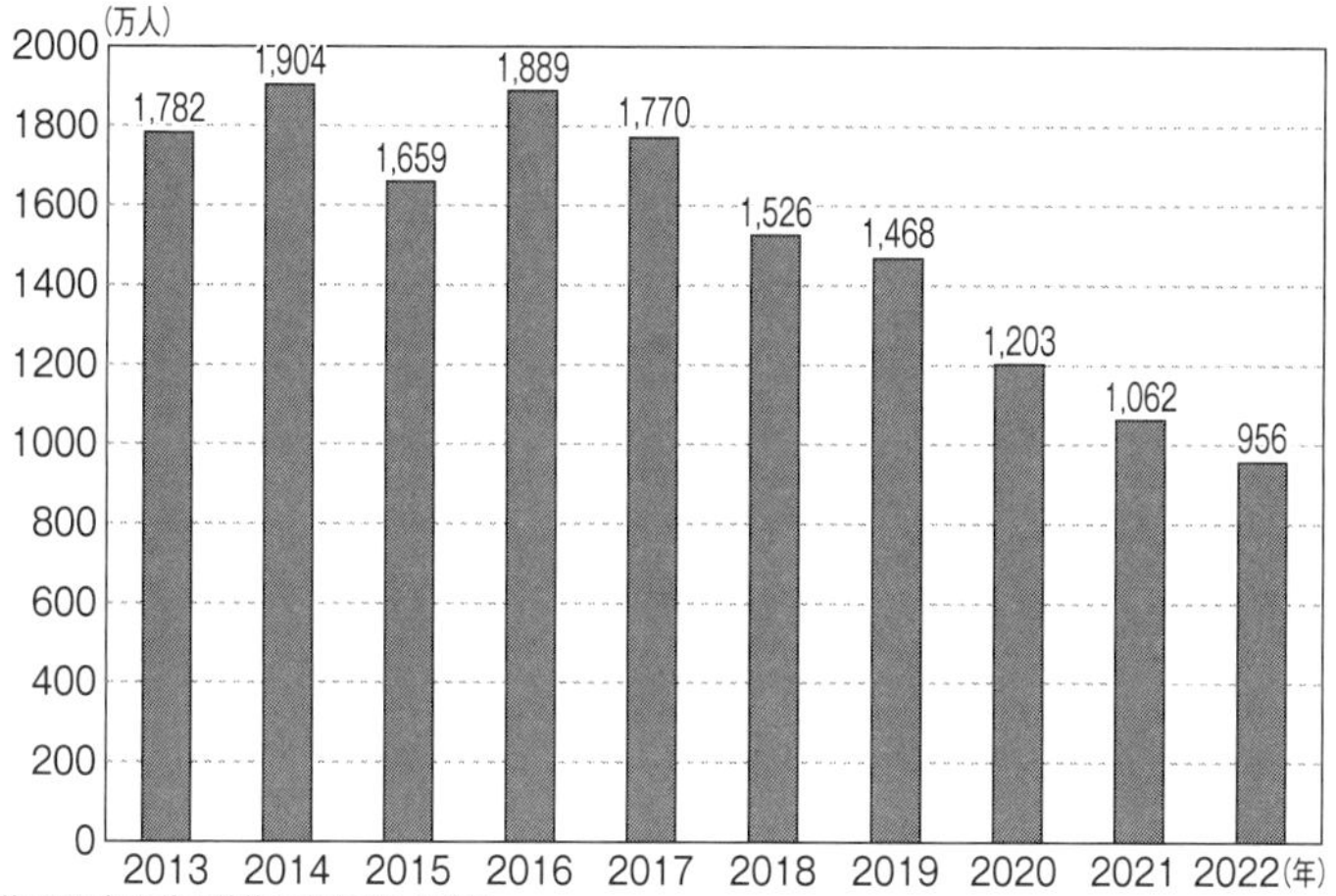

注:2021年以前の数値は出生率から算出。
出所:国家統計局

になってしまったからです。むしろ、みんなは普通に一人っ子でいいと考えるようになりました。そもそもこれから子供を産む親たちもみんな一人っ子なのです。だから、一人っ子で当たり前という意識になっています。

もう1つの理由は、若者たちの失業率が高いために若者たちも将来に対して希望が持てなくなっている。となると結婚や子供をつくるどころではなくなっています。

髙橋　一人っ子政策は中国の文化にまで影響を与えてしまったのですね。

石平　これから出生率が1000万人台に回復するのは無理でしょう。中国政府は打つべき手は全部打ったのです。2021年には第三子容認まで行いました。でも出生数には何の効果もありません。

中国では65歳以上の人々がすでに人口の14・9%を占めています。これから毎年の出生数が1000万人以下になる一方、2000万人以上の人々が毎年65歳以上になってしまうのです。出生と高齢化の数のこの落差は非常に大きい。

それで若年層がますます薄くなり年寄り層がますます厚くなるから、あと10年経ったら中国の人口構造はもう完全に逆ピラミッドになってしまいます。そういう人口構造のなかで、髙橋先生、これからどんな変化が起きると思いますか。

髙橋　確実に人手不足になります。だから老人に働いてもらうしかないですよ。いや、働かせるしかないんじゃないでしょうか。中国の社会保障制度は貧弱なのだから、老人も野垂れ死ぬのが嫌だったら働くしかありません。しかし経済がうまくいかないときには老人が働くのも難しいのです。

石平　それはどういうことですか。

髙橋　やはり老人のほうが生産性が低いからです。そのため経営者も普通は老人を雇いたがりません。ピンピンしている若い人のほうを雇いたいに決まっています。老人についてはものすごく安い賃金でしか雇いたくないでしょう。

もちろん外国から誘致してきたハイテク企業で老人を働かせるというわけにはいきませ

ん。老人が働くのだと、せいぜい単純労働のアルバイトぐらいしかできないかもしれません。

石平　単純労働にしても若者がますます減っていくと、仕事じたいが減り、単純労働の仕事すら回ってこないでしょう。

高橋　年金を手厚くして老人が働かなくても済むようにするというのが普通の国の考え方なのに、中国ではそうではないので老人は大変ですよ。

石平　中国の年金制度はもう確実に破綻するのです。

高橋　年金なしで働けと言われると同時に、公的医療保険も整備されていないのだから、中国社会は今後すごく不安定になりますね。

◇出産一時金や児童手当は効果がない

高橋　22年の出生数が1000万人を切って、ついに一人っ子政策の影響がはっきりと出てきましたね。しかし普通に計算すると、本来なら出生数の減少スピードももっと速かったはずなので、変だなと思っていました。出生数もごまかしてきたのではないでしょうか。

石平　その可能性はありますね。

高橋　今やとうとうごまかしきれなくなった。

いずれにせよ、人間の営みのいちばん根本のところに立ち入る一人っ子政策は、普通の国では行われないことです。にもかかわらず、中国政府はそれをやってしまった。とんでもない政策だから、大きな歪みが出ないほうがおかしい。

中国の人口減少は中国経済が落ち込んでいくことの象徴でしょう。

石平　中国には財源がなく、日本で子供を増やすためにやっている出産一時金や児童手当みたいなものはありません。中国政府ではそもそも誰もそんなことを考えていない。

高橋　子供を産むかどうかは個人の自由なので政府も誘導策しかできません。誘導策と言っても出産一時金や児童手当くらいしかないのはどこの国も一緒。

ちなみに日本の出産一時金は50万円、児童手当は3歳未満まで月1万5000円、3歳以上から中学校卒業まで月1万円となっています。

石平　誘導策としての出産一時金や児童手当は一種の誘い水だから、産もうかどうしようかと迷っている人にしか効果はない。最初から産む気がない人には何の意味もありません。

要するに計算の問題です。例えば出産一時金50万円と児童手当月1万円なら生まれて1年目は年間62万円、2年目以降中学生までが年間12万円です。1万円は中国では500元くらいですが、子供を養うには何千元もかかる。これでは子供を養うことはできないと簡単に計算できてしまいます。

もし日本円にして月何十万円も児童手当がもらえるなら別ですが。しかし中国政府には

そんなお金はどこにもないのです。

高橋　子供を増やすには、日本レベルの出産一時金や児童手当ではやはり効果が少ない。特に児童手当の月1万円は桁が違う。例えば1年に100万円、5年間で500万円なら多少考えるでしょう。

フランスでは子供が増えたと言われています。しかしその実態は、子供を多く産んでいるのは移民なんです。移民を多く入れたからそれだけ子供も多く産まれたのであって、子供を増やすのを移民に頼るのは長期的に考えるとプラスになるかマイナスなるかは評価が難しい。

結局、子供を増やすためには何がうまくいくのかはよくわかりません。

石平　とはいえ中国政府であれば、また変なことをやらないとも限らない。例えば今、中国の一部の専門家が政府に提案しているのがコンドームの販売禁止です。

高橋　そういうやり方はありますね。中国では堕胎はできるのですか。

石平　できます。

高橋　子供を増やすには、堕胎を禁止するという方法も考えられるでしょう。つまり、コンド

ームを販売禁止にしたうえで堕胎も禁止する。中国政府ならそれくらいのことはやりかねない。

石平 いや、いくら中国政府でもそこまでやるかどうか。仮にやったとしても、中国人は対策をとるだけです。コンドームは闇で流通するでしょうし、堕胎の闇市場ができてしまう。あるいは、日本に行って堕胎することもあり得ますね。

◇もはや機械で代替するしかない

髙橋 私は実は少子化対策については、できればやりたいですが、世界を見ても決定打を探すのは難しいという立場です。少子化対策をするよりは機械化したほうが効率的です。人口減少に対しては機械化、無人化のほうが有効です。

石平 産業革命も機械化でしたね。機械が人に取って代わったのが産業革命だったとも言えます。

髙橋 人よりも機械のほうが向いている仕事も少なくありません。日本も中国も少子化が進んでいくのだから、これからは人手の確保よりも機械化のほうが簡単になります。
軍隊も同じでしょう。人民解放軍は就職先として人気があるのですか。

石平　今は若者の就職先がないから、農村では多少人気がありますよ。人民解放軍に入ると、とりあえず食ってはいけますから。

また、通常は農村の若者は農村戸籍を都市戸籍には変えられません。しかし農村の若者でも戸籍を変えられる可能性のある方法が2つあります。1つが大学を卒業し都市部で就職すること、もう1つが人民解放軍に入って幹部になることです。

高橋　人民解放軍は軍隊としては強いのですか。

石平　いや、弱いですよ。人民解放軍に入るためには高額の賄賂を払わなくてはいけません。賄賂を払って軍に入ったような人間がまともに戦うことなどできないでしょう。戦うことよりも賄賂の元を取ることのほうがはるかに大事なんです。

高橋　そんな軍隊でも、若者の人口が減ってくると兵士の確保が難しくなって維持するのが大変になりますね。

石平　事情は日本も同じですね。自衛隊の人手不足も深刻だと聞いています。

高橋　自衛隊に行く人は減っているし、海上自衛隊も定員の半分くらいしか隊員がいません。陸上自衛隊でも航空自衛隊でも、全然定員が満たされていないのです。しかも、これからますます入隊する若者が減っていきます。それを補うにはやはり機械化しかありません。

今は無人機のドローンを持っていない自衛隊も、人手不足を補うには早晩、導入する必要があるでしょう。

例えばスクランブルでは必ず2機の戦闘機を一緒に飛ばすことになっています。それだと外国の戦闘機が1機で来た場合、こちらは2機で迎え撃つことになるから、パイロットが1対2ではきついですよ。それをカバーするためにも2機のうち1機はドローンにする必要があります。

石平　人民解放軍はパイロットの養成が下手だから、パイロットがいらない点でも人民解放軍にはドローンが向いていますね。

髙橋　日本の場合、中国と違って専守防衛を掲げていて、何より迎撃を重要視しています。外国の戦闘機が侵入してきたら警告射撃をするだけなので、そのプロトコルが決まっているならドローンだけでも簡単に対応できる。とすれば迎撃のコスト面でも有人機よりドローンのほうが有利なはずです。

◇中国に大衝撃を与えた婚姻件数の激減

髙橋　婚姻件数と出生数とは当然ながら相関関係があって、日本では近年、婚姻件数が減るとともに出生数も減ってきています。中国も同じ傾向になっているはずです。

中国の婚姻数

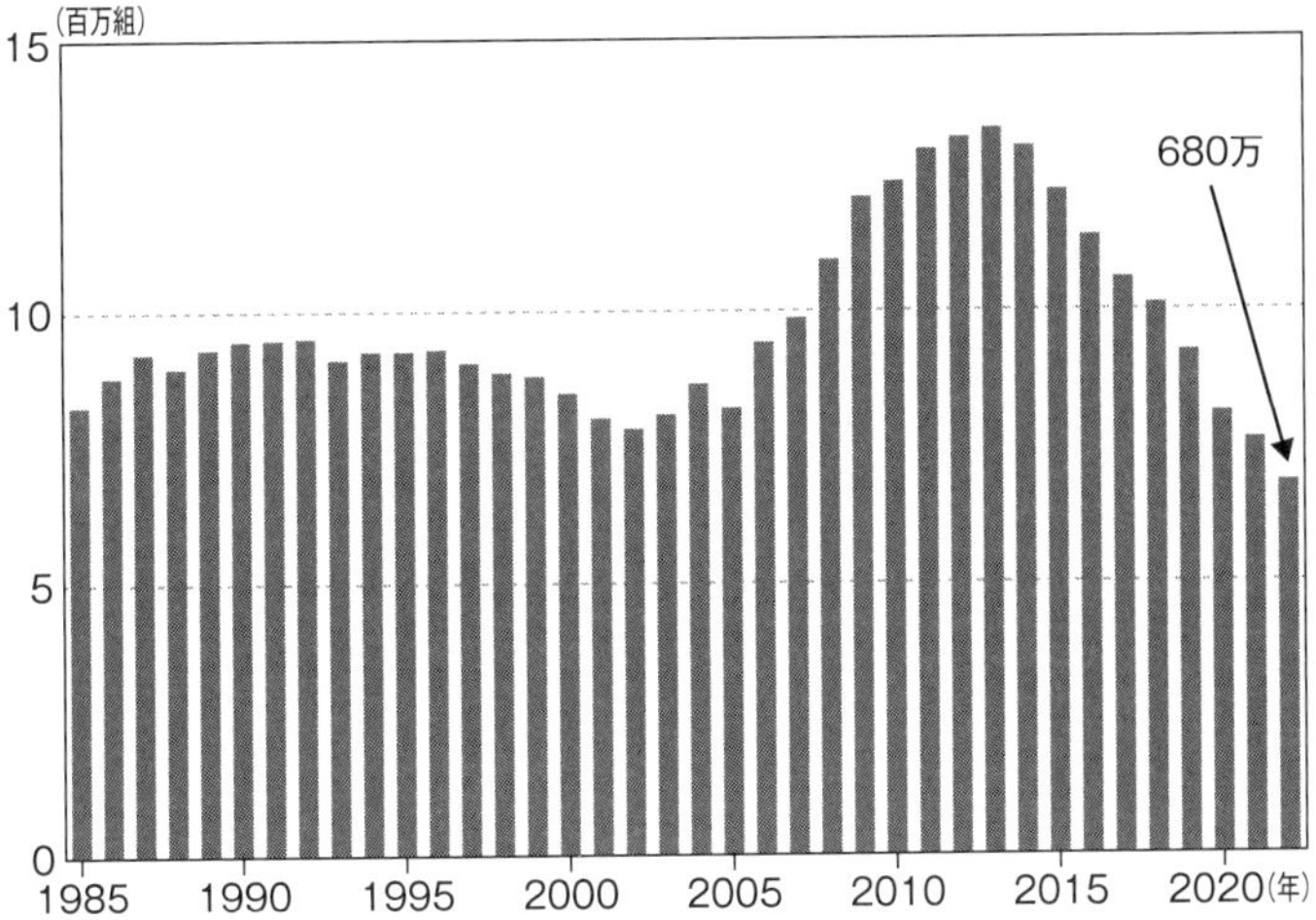

出所：民政部、国家統計局

石平　中国でも同じです。婚姻件数に関しては最近、中国国内で非常に衝撃的な出来事がありました。

それにふれる前に話したいのは、中国では10年くらい前から若い者たちの間で5月20日が「恋人の日」とされていることです。これは、ある歌手が歌のなかで勝手に5月20日を「恋人の日」と決めつけたことから始まったそうです。

中国では民政局が婚姻の届け出を受け付けています。これが婚姻登記で、「恋人の日」の影響から毎年5月20日に婚姻登記をするカップルが急増したのです。この520婚姻登記は一種の社会現象となっています。

高橋　もちろん23年の520婚姻登記も多かっ

たんですよね。

石平　誰でもそう思っていました。しかもその日はコロナ封鎖が解禁された後の初めての「恋人の日」だったので、土曜日であるにもかかわらず、例年以上に多い婚姻登記があるだろうとの見込みの下、中国各地の民政局は上からの指示もあってフル稼働の体制で婚姻登記に備えていました。

　ところが、結果的には全国の婚姻登記の件数は前年に比べて激減したのです。

髙橋　それは興味深い。

石平　5月20日の婚姻登記はどこでも軒並み減りました。紹介すると、上海が38・7％減、北京が48・6％減、福建省が39％減、広東省が40％減、湖北省が47％減、貴州省が54％減、湖南省に至っては74％減と4分の3近くも減ってしまったのです。

髙橋　しかし22年の5月20日はゼロコロナ政策によって中国全土が封鎖されたような状況でしたよね。上海はロックダウンの最中でした。

石平　そもそも22年の恋人の日の婚姻登記件数は全国的に例年よりも少なかったのです。だから、なおさら23年の恋人の日に婚姻登記件数が大幅に減ったことは、非常に衝撃的な出来事だったのです。

　中国の若者たちの結婚離れはもはや想像を超えたスピードで進んでいることが示された

のです。

髙橋　習政権にとっても大ショックですよね。

石平　当然です。中国では習政権が発足した11年前から婚姻件数の減少が大きな社会問題になっていました。でも習近平が国家主席になった2013年は中国全国の婚姻登記件数は1346・93万件でした。それが2021年になると764・3万組となり、2013年と比べると約半分近く減っています。

婚姻率は2013年は9・9％でした。しかし2021年には5・4％へと大きく減りました。現象としては、どういうわけか、習政権になってから若者は結婚しなくなったのです。

今回の婚姻件数と婚姻率の急落は中国国内でもかなり大きなニュースとなりました。それで中国のメディアでは、「520婚姻率は断崖絶壁から落ちるように下がった」とか、「520婚姻登記件数が激減し若者たちの趨勢は結婚したくない」といった見出しが躍ったのです。

髙橋　結婚が減った原因をどう考えていますか。

石平　経済状況や社会状況の年々の悪化のために若者たちの未来に対する失望感が増大していることが最も大きいのだと思います。前述したように政府が発表した22年4月の16歳から

24歳までの若年層の失業率も20％を超えています。政府の発表で20％を超えているなら実際には30％以上になっているはず。

こうしたなかで5月20日の婚姻登記件数の激減は、今後の婚姻件数と婚姻率のさらなる落ち込みを十分に予想させるものでもあります。

髙橋　これからも中国では結婚する若者がどんどん減っていくということですね。

石平　ただし私は結婚が減ったのは政治的な原因もあると思っています。22年10月の中国共産党大会から23年3月の全人代にかけて習近平は長期政権の足固めに成功しました。それは中国国民にとっては彼がずっと指導者のままだということです。この点からも中国の社会全体に行き詰まり感、絶望感が広がっています。

最近、中国でよく言われるのは若者たちの「不恋愛・不結婚・不生育」です。この「恋愛しない、結婚しない、子供をつくらない」という「3つのしない」が一種の価値観となって中国社会に定着し常態化し始めています。

髙橋　そのような状況は経済面にも大きな影響を与えますね。

石平　中国の場合、結婚するとマンションを買って住むことになります。だから結婚をしないならマンションを買わないのです。これは当然、不動産市場の崩壊に一段と拍車をかけていくでしょう。

また、結婚するときには婚礼関係のいろいろなサービスを使用するし、結婚生活のために家具や調度品、家庭用電気製品なども買い揃えます。結婚しないとなれば、そうした結婚関連の消費市場も萎縮していくわけです。

もっと長期的な視点では、結婚が減って生まれる子供も減るという状況が長く続くと、中国の衰退が決定的なものになってしまいます。

◇オフィスビルの空室率上昇に表れた香港の衰退

石平　ブルームバーグが今年6月5日、香港全体のオフィスビルの空室率がすごく上昇しているという取材記事を掲載しました。これによると、例えば香港中心部の長江集団の中心写字楼（センターオフィスビル）の空室率はすでに25％を超え、香港で最高ランクのA級オフィスビルの空室率も15％に達しました。この15％というのは２０１９年の３倍以上の空室率なのです。

高橋　とすれば２０１９年以降、香港で何か異変があったということでしょう。考えられるのは２０１９年から２０２０年にかけて香港で発生した大規模な民主化デモですね。

石平　まさにそうです。

髙橋　民主化デモは習政権の意向で鎮圧されました。と同時に習政権は香港の一国二制度も事実上破棄してしまいました。

石平　香港のA級オフィスビルには香港の会社も一部入っているものの、大半はやはり欧米を中心とする外資企業です。香港のデモ鎮圧と一国二制度の破棄のために外国企業が香港からどんどん離れていっています。それによって空室率が3倍以上にも跳ね上がってしまったのです。

髙橋　イギリスと中国との香港返還交渉では1984年12月の中英共同声明に、イギリスが1997年7月1日に香港の主権を中国に返還し香港は中国の特別行政区となるという合意が盛り込まれました。そこで約束されたのが50年間維持されるという一国二制度です。

この制度は、中国政府が香港の憲法にあたる香港基本法の解釈・改正権、政府高官の任命権を握る反面、香港を特別行政区として独自の行政、立法、司法権を認め、通貨やパスポートの発行権、さらに言論・集会の自由を与えるというものです。

石平　一国二制度はまだ半分の期間しか維持されていないのに、習政権はその約束を反故《ほご》にしました。

髙橋　約束の期間がまだ残っているからといって、習政権が1度放棄した一国二制度を再び採用するはずがありません。当然、香港に進出していた外国企業もそう判断します。

石平　実際、2020年末あたりから外国企業の香港からの撤退が始まっています。また、2022年3月には在香港の欧州商工会議所も、香港で活動する欧州企業の半分が1年以内に事業を畳んで香港以外に事業を移転させる計画だという調査結果を発表しました。その計画も着々と実行に移されています。

髙橋　香港からの人口流出についてはどうですか。

石平　今年2月に香港政府が発表したところでは22年の年末の香港人口は733万3200人でした。1年前と比べれば6万8300人減っています。ただしこれには出生数が死亡数を下回る自然減も含まれているので、海外への流出は約6万人です。
　人口減少も2020年以降3年連続となっています。やはり一国二制度の破棄が影響しているのです。

髙橋　海外に出て行くのは普通の香港人ではないでしょう。

石平　海外に出て行くのは、知的レベルが高く高い技能や技術を持っている人、あるいは財産を多く持っている人がほとんどです。そういう人たちなら海外でもちゃんと生活できます。普通の香港人には海外での生活はなかなか厳しい。
　要するに、香港のエリート層、技術者、富裕層が海外に脱出しています。香港にとっては由々しき問題ですよ。

髙橋　由々しき問題どころか、習政権としては力によって香港をうまく抑え込んだと思っていますよ。

石平　もともと香港には資源もないし大した産業もありません。それでもこれまで資本と人材の2つがあったから、国際金融センターおよび貿易センターとして成り立ってきたのです。

　ところが今、香港の資本と人材の両方が徐々に失われつつあります。香港は緩慢に死に向かっているのです。いきなり死ぬのではなく衰弱して死んでいくことになります。香港の息の根を止めようとしているのがまさに習政権なのです。

髙橋　習政権にはそんな自覚も全くないでしょう。むしろ香港は成功事例になっているはずです。

　けれども現実には、香港が国際金融センターや貿易センターとして成り立たなくなることは中国経済にも大きなダメージを与えます。そういう意味で習政権は自分の首を自分で絞めているようなものですね。

石平　本当にそう思います。

第5章

習近平一強体制がトドメの一撃

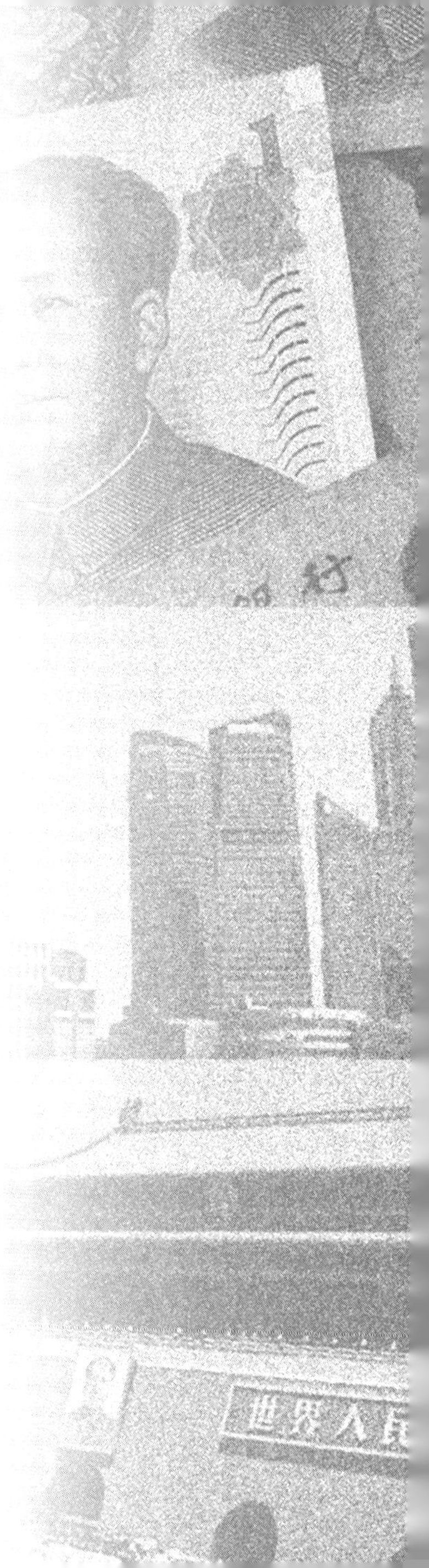

◇共産党一党独裁から1人独裁に

石平　習近平の新しい体制は3期目に入りました。この体制が確立したのが周知のように22年10月の中国共産党大会でした。まず彼は長年の慣例を破って共産党総書記の続投を果たした。さらに今年3月の全人代でも国家主席の続投が決まったのです。いずれも続投したことで鄧小平がつくった従来のルールを破った。

髙橋　見方を変えれば、習近平は従来のルールを破るだけの力をつけてしまったということでしょう。

石平　いずれにしても、彼の終身独裁政権の道が開かれてしまいました。今回、わざと後継者もつくらなかったので、3期目で終わるつもりも全くないし引退するつもりもありません。

髙橋　対抗勢力も中国共産党内にはいなくなってしまいましたね。

石平　党大会で対抗勢力は一掃されました。党大会の前には共産党の最高指導部にはまだ少なくとも共青団（共産主義青年団）派などの対抗勢力があり、ある程度のバランスは取れていたのです。つまり、対抗勢力は習近平路線に対する牽制勢力であって、鄧小平路線に引き戻す力がありました。

対抗勢力の消滅を示す象徴的な事件が、党大会の閉幕式で共青団派のボスである胡錦濤を強制的に退場させたことです。

昔の中国共産党は水面下でどれほど激しい闘争をしても表向きには一致団結のポーズをとっていたものです。それがあそこまで赤裸々に対立を表に出すのは珍しい。

髙橋 当然ながら、最高指導部のいわゆるチャイナセブンのなかにも対抗勢力はいなくなりましたね。

石平 最高指導部である政治局常務委員たちは習近平以外の６人とも小さな習近平だと言えます。つまり今回、彼の取り巻き、子分、側近たちで最高指導部を固めてしまったのです。

最高指導部がそこまで独裁者の派閥によって完全に牛耳られたのは中国共産党の歴史でも初めてのことなのです。毛沢東の時代でさえ、当時の最高指導部には四人組などの毛沢東の側近もいれば、周恩来などの党内実務派がいました。

今はもう完全に習近平一色となり彼の個人独裁が確立したのです。政治も経済も軍事も全部、彼の一声で全て決まることになりました。逆に言えば、彼が暴走すると誰も止めることができません。止めるメカニズムがない以上、共産党一党独裁というよりも１人独裁という状況になったのです。

◆中央財経委員会と国務院の合体で迷走する経済政策

石平　今年3月の全人代で行政府である国務院の人事も完全に入れ替わりました。国務院から以前の首相と副首相を全員退陣させて、今回、李強が首相に、丁薛祥《ていせつしょう》、何立峰、張国清、劉国中が副首相になりました。

李強はもともと浙江省で習近平の部下でした。だから彼に抜擢されて上海トップを2年間勤めたのです。しかしその2年間で上海は完全に沈没しました。というのも、特にゼロコロナ政策で2ヵ月間ロックダウンしたことが大きな打撃となったからです。

中国の歴代首相は人望、能力、業績などによって首相の座に就いてきました。李強の場合、首相になったのは習近平の側近だからにほかなりません。中国共産党の歴史でも最高指導者の子分として首相になるのは初めてのことなのです。

例えば周恩来という首相は毛沢東の子分ではなくあくまでも協力者でした。朱鎔基《しゅようき》という首相もやはり当時の最高指導者だった江沢民の子分ではありません。前首相の李克強も習近平の子分ではなかったのです。それが今は完全に首相は国家主席の言いなりの子分になってしまいました。

また、昔の共産党政権では首相になる前には国務院に入ってまず副首相を務めたのです。ところが、李強は副首相の経験がなくいきなり首相になった。日本で言えば、閣僚の経験のない者がいきなり首相になるのと同じことです。そういうケースは日本でも、村山富市首相と鳩山由紀夫首相のケースくらいなものでしょう。

髙橋　実際、鳩山政権はとんでもない政権になってしまいましたね。

石平　李強は何の自立性もなく、しかも国の運営の経験も全くない。このような政治体制について髙橋先生はどう思いますか？

髙橋　いきなり国の運営に携わるというのは、ちょっとあり得ません。外電によれば、李強は「ミスターマイナス13・5」と言われていると聞いています。上海時代の成長率がマイナス13・5％だったからです。それは象徴的なことです。中国国内で「ミスターマイナス13・5」と言われているのかは知りませんが、外電では茶化しているわけで、面白い言い方だなと思っていました。

石平　外電に茶化されるような李強が首相だというのは習政権3期目にはちゃんとした首相がいないという証でもあるでしょう。しかし習近平にとっては言いなりになる首相がいいのです。それは中央財経委員会の現状からもわかります。

李強は5月になって習政権の3期目で初めて中央財経委員会の会議を開きました。この会議は中国で実質上経済運営の最高指導部で、胡錦濤政権時代は中央財経委員会の主任は首相が務めました。だから、中央財経委員会と国務院は一体化していたのです。習政権になると首相から中央財経委員会の主任を取り上げて、習近平自身が主任になりました。

当時の首相は李克強だったので、習政権の過去10年間は中央財経委員会のやることと国務院がずっとずれていたのです。だから下の幹部はどちらに従ったらいいのかわからなくなりました。

今回、李克強を追い出して子分の李強を首相にしたとき、当初は多くの人々は、習近平が中央財政委員会の主任を子分の李強に渡して仕事を全部任せるのではないかと思いました。

ところが、5月に中央財経委員会の会議が開かれたら、相変わらず習近平が主任で、李強はその下で副主任を務めるという形になったのです。この会議で最初に持ち出された経済運営の方針は、共産党の経済に対する指導を強化するということでした。そんな方針で経済を運営できるはずがありません。

髙橋　中央財経委員会と国務院が並立している時代もひどかったでしょう。しかし李克強は経済をわかっているから多少の影響力もあったはずで、今よりもまだまともだったかもしれません。つまり、2つの組織が並立してわかりにくかったとしても、一方の組織のほうはまともだったはずですから。

今度、2つの組織が合体して、さらにダメな組織ができてしまったということですね。今後の経済運営が失敗しないほうがおかしいでしょう。

◆習近平にただ従うのが官僚の仕事

髙橋　中国の政治構造の特殊性は共産党の下に政府があることです。政府が共産党の下にくっついている。とはいえ他国との交渉もやらなければならないから、実務的にはそこそこの力がないと政治運営などできない。

私も大蔵省（現・財務省）にいたとき、中国の国務院の財政部に行ったことがありました。そこの財政部長は日本で言うと財務大臣みたいな役割です。財政部の人たちにはけっこうアメリカに留学している人が多いし、彼らと話をしていると国家の経営がわかっているという感じはしました。英語もすごくできるし、普通に経済の話もできました。かつては形のうえでは共産党の下でも国務院には実務家として力のある人がいたのです。

全人代の文書に、今回の組織変更で国務院が共産党の下部機関に組み込まれると書いてある。だから、海外を相手にきちんと仕事をしていた実務部隊がもう完全に共産党の配下になってしまったことになります。

石平　李強はこれまで財政部の官僚たちとは何の関係性もありませんでした。だから、李強は財政部の官僚を信用していないし、財政部の官僚も新しい首相を信用していません。

それで李強が首相になった初仕事は、国務院の実務の幹部たちに「習近平思想の勉強をせよ」と命じることでした。習近平には思想のような上等なものは何もありません。

実際には李強は、まず国務院の実務の官僚たちを洗脳して習近平の指示に従うようにしたかったのです。となると、もはや実務部隊には何の意味もなくなります。

髙橋　私も今や中国では、実務のできない人が政府に入っているという感じがすごくしています。

例えば中国の中央銀行である中国人民銀行の前総裁も欧米の教育も受けているので、中国国内では板挟みに合いながらも欧米の金融の話についても理解していると言われていました。しかし今は人民銀行も総裁も含めて欧米の金融の話のわからない人ばかりが幹部になったようです。となると、たぶん国際会議などでは他国の中央銀行や財務省の人たちと話してもちんぷんかんぷんではないか。

共産党の指導を受けると言っても以前の中国なら、国際会議などで恥ずかしい思いをしてはいけないと、対外部門には欧米の金融の話を理解できる人が配置されていました。

今回の組織変更でそういう人たちが排除されてしまい、海外留学をした人などもどこ行っちゃったのかなという状況になったと思います。

石平 確かに物事をよくわかっている実務の幹部が徐々に去りつつあります。また、残った幹部もやる気がなくなってきているのです。

髙橋 思想の勉強を先にやれと言われたら、やる気がなくなりますよ。

石平 また、いくら頑張って実績を上げても習近平の側近でないと昇進できなくなりました。だから、実績を上げることには何の意味もありません。

髙橋 習政権は同じ独裁でも無能な者ばかり集まった独裁ということですね。

石平 習近平以外は誰も仕事をしない独裁でもあります。

髙橋 以前は実務官僚のテクノクラートとしてそれなりにやり甲斐はあったでしょう。しかし完全な共産党指導の下で金融政策をやれと言われても無理ですよ。特に金融などの部署は専門性が高いから素人を持ってきても仕事ができるはずがありません。

石平 しかも習近平の指示に全部従えということになった。それに、実務の専門的幹部も自分の専門分野で彼の指示に対抗することができないのです。専門的な観点ではなく、彼の指示に全て従うという観点から仕事をしなければなりません。

髙橋 そんなことをしていたら国の経済を回すことなどできないですよ。経済官庁の財政部などは現実に基づいて動かないとダメなのに、現実を無視して共産党の指導だけに従って動くことになったら、ソ連が崩壊したときと同じような状況になります。

本当に今回、国務院のいろいろな部署を共産党の下にくっつけたのはちょっと信じがたいですね。中央銀行や財政部門、金融部門のような専門性の高いところは、政府のなかでもある程度独立させて専門的にやらせるというのが国際水準ですよ。

◇愚か者がトップになる最悪な独裁制

石平 国務院はこれから経済成長など何を言っても、習政権がやっていることは、経済成長につながるようなこととは全然違います。

髙橋 習近平は経済がわかっていない人なんですよね。

石平 彼は陝西省の貧しい農村に下放されました。彼にとってはそれがいちばんよく知っている世界なのです。あの貧しい農村から彼の世界観はまだ脱出できていません。だから、彼が目指している今の方向で行けば農耕社会に戻ります。日本なら江戸時代ですよ。

髙橋 開放政策はそれほど間違いではないと思います。その逆をやるということですね。

石平 そうです。

高橋　開放政策で中国経済は伸びました。それで一時期はよい方向に行ったのは間違いない。だから、改革開放から逆に行ってしまうと中国は発展しませんよ。

石平　鄧小平の改革で市場経済を導入した結果、当然ながら貧富の格差も拡大していきました。最初からそれを覚悟のうえで鄧小平の掲げたスローガンは「一部の人々から先に富めよ」ということでした。

ただし本来なら貧富の格差をなくすことは悪い話ではありません。しかし習近平の基本的な考え方は、下の貧困層の裾を上げるのではなく上の金持ちの裾を下げるというものです。つまり、金持ちを潰すことでみんなが共同富裕になると思っています。しかし実際には金持ちが貧乏になったとしても貧困層が豊かになるわけではありません。共同貧乏になるだけなのです。

高橋　経済は成長と分配のどちらを優先するべきかという問題設定があります。しかしロジカルに言うと経済が成長しないと分配できないのですから、この問題設定は間違いです。だから、共同富裕は分配だけをやろうとして成長がダメになるという典型的なパターンだと言えます。

石平　しかし習近平にとっては成長よりも分配のほうが大事なんです。

高橋　それは本当に「角《つの》を矯《た》めて牛を殺す」ことであり、経済を全部ダメにしてしまいます。

逆に、成長すればいくらでも分配できる。こんな当たり前のことが、彼にはわかっていないのでしょう。

石平　李克強首相のときには習近平の共同富裕に国務院もけっこう抵抗したのです。李克強はもちろん公然と批判することはできなかったにしても、一言も共同富裕を言いませんでした。習近平の政策があれば李克強の対策もあったということです。

しかし李強は習近平の命令の執行人以外の何者でもないので、中国経済はただでさえダメなのにますますダメになっていきます。習近平が中国経済を潰そうとしているのです。

高橋　現実にはそうでも、本人は潰そうとは意識してないと思います。独裁はものすごく立派で経済がわかっている人がトップになると、それなりにいい制度なのです。逆にバカがトップなると最悪の制度に陥ってしまいます。

これは独裁の特性なのでどうしようもありません。だから民主主義は、独裁ではなく権力を多くの人に分散化してリスクヘッジをとる政治なのです。それなら全員がバカであることは少ないし、いい話もたまには出てきます。

石平　まさに絶対的でバカなトップがバカな政策を指示した場合、下の人間はそれがバカな政策だとわかっていたとしても、むしろ我先にと競ってその政策を進めてしまうのです。

高橋　逆らったら、どこかに飛ばされてしまいますからね。つまり、バカなトップに付いてくるのはバカだけで、賢い人はどこかに行ってしまうということです。

石平　残った人間はバカばかり（笑）。

◇習近平の著作集を猛勉強する共産党エリート

髙橋　改めて言うと、私が中国に行った1990年代には、中国政府に賢い人たちが多くいたという印象があります。2000年に行ったときも、私の話をわかってくれる人たちがいました。ただしわかってくれても、彼らからは「今はこういう政権だから、あなたのいうことはなかなか実現できない」という事情もこちらに伝わってきましたね。

しかし今は、そういう人たちはいなくなってしまったんじゃないですか。

石平　いませんね。鄧小平、江沢民、胡錦濤の時代はまだ賢い官僚たちが昇進できる時代でした。頑張って業績をつくったら昇進できたのです。しかもいろいろな点で自分たちにも利益が入りました。

けれども、今は習近平の徹底した反腐敗の下では経済官僚は頑張っても懐にお金が入ってこないし、昇進することもできません。

髙橋　逆に反腐敗の下で叩かれることはある。

石平　そうなんです。今の習政権では共産党幹部は仕事をやればやるほど睨まれるのです。例えば昔、地方幹部はよく経済プロジェクトを立ち上げました。そうすると賄賂も取れて、成果がでてＧＤＰが増えたら昇進もできたのです。
　今は何かの経済プロジェクトを立ち上げた時点で、「お前は賄賂を取りたいから、そんなことをやっているのだろう」とまず叩かれます。となると、もう何もやらないほうが安全だということになるのです。

高橋　ちょっと賢くて、欧米の教育を受けて海外で生活できるような人なら間違いなく逃げるでしょうね。

石平　実際、逃げています。

高橋　中国からアメリカに留学をしている人は多いのですか。また、それで中国に戻って来るのですか。

石平　今でもアメリカに留学しています。しかし中国に戻る時代はもう終わりました。戻ったのは２０１０年代までですね。当時は戻ったら昇進できた時代なので、戻ってくる人がけっこう多くいました。今は留学しても昇進できるわけではないので、戻っても仕方がないと誰でもわかる。

高橋　そんな状況だとアメリカで勉強した者を中国で活かすことはできないですね。それどころか、下手なことをしゃべると習近平の思想に反してしまうでしょう。つまり、しっかり仕事をしたら飛ばされてしまうかもしれない。最悪ですね。

もし私も中国の官僚だったら海外に逃げますよ。そこそこ英語ができて海外で生活できると思ったら資産をちょっとずつ海外に移して逃げるのです。

石平 逆に言うと、今の中国の幹部たちは楽と言えば楽でしょう。何の仕事をしなくても習近平の思想を勉強しているようなふりをするだけでいいのですから。

それで最近、習近平著作の選集が出たのです。これは10冊以上もあります。

髙橋 そんなにあるんですか。

石平 全部、他の誰かが書いたものです。習近平本人も選集に何が書いてあるのか、自分の思想が何なのか、全然わかっていませんよ。

ともかく10冊以上の本を、幹部たちはしっかりと勉強しなければなりません。お茶を飲みながら朝から晩までそれを読むふりをしていれば、仕事をしなくても誰からも文句は言われません。

髙橋 すごい世界になりましたね。それがＧＤＰ世界2位の経済大国の行政だと言われるとびっくりします。

石平 だから、中国人はこんな冗談をよく言っているのです。「中国経済をなんとかするためには最後は1つの部門だけに頑張ってもらうだけでいい。その部門はどこかと言うと国家統計局だ」と。

髙橋　数字をごまかすだけで、業績が出るということですね。

石平　そうです。現に国家統計局は頑張っています。

◇中国共産党が抱える最大のリスクは習近平の健康問題

石平　習近平一強体制が確立し、今や毛沢東時代と同じように党と国家の運命が全部1人の愚か者に託されてしまいました。中国の14億人の国民の運命が、精神状態が確かかどうか不明で頭も全然良くない習近平に任されたことになっています。

彼の命令1つで下の人間たちが行動し、それで国も動き出すのを誰も止められません。正常ならまだしも、彼が突然、何かの幻想にとらわれて精神状態に異常をきたし、おかしな指示を乱発しても、それらは全部国家の行動になってしまうのです。

髙橋　ものすごいリスクですね。

石平　習近平はたとえ肉体的に倒れなかったとしても、頭がおかしくなるだけで中国は大変になります。すでに彼は頭がおかしくなっているかもしれません。

高橋　同様に今、ウクライナが危なくなっているのはロシア大統領のプーチンがアホになってしまったからだとも言えます。もちろん表面的にはわからなくても、本当に狂っているかもしれません。プーチンにはその可能性が十分にあるということです。

同様に習近平がアホになったら、中国の隣りの日本が危ない。中国がどこに武力侵攻するかと言うと、台湾と日本しかないですから。

そんなリスクが集中している国の指導者の健康が私は心配ですね。というのは、習近平は69歳で私と近い年齢です。年を取ったら、ある確率で必ず脳卒中とか心臓発作が起こる。そういうことでぽっくり逝ってしまう恐れも拭えません。普通の中高年ならともかく、権力が集中している彼が突然いなくなったときにはどうするのでしょうか。69歳だと急死することも十分にあり得るのです。大混乱になるでしょう。

石平　それを子分や側近たちはいちばん恐れています。どうすればいいか、あるいはどうなるのか、誰にもわかりません。

高橋　中国という国家がパニックになってしまいます。そのリスクを誰も考えていないんですか。

石平　確かに中国は大混乱に陥り、共産党政権もそのまま空中分解してしまうかもしれません。

場合によっては共産党の一部勢力、例えば李克強などが再び動き出すという可能性もあります。だからと言って、今の共産党の要所全部を押さえている習近平の子分たちは絶対に承知しないでしょう。ということは、やはり共産党は分裂します。

高橋　そうなることが隣国の日本としてはいちばん恐ろしい。台湾も同じです。

石平　例えば胡錦濤政権時代、胡錦濤が倒れたら自動的に温家宝が何の問題もなく全てを仕切ることになっていました。今は無理です。

高橋　前は李克強は序列が2位だったので、万が一、習近平が倒れても仕切ってくれたのだと思います。

石平　けれども今は序列2位の李強も含めて、誰が上に立っても誰も従いません。軍も同様で完全に分裂状態になります。というのは、今の共産党中枢の幹部には習近平の子分か側近しかいないからです。お互いに足の引っ張り合いをすることになるでしょう。

高橋　それは怖いですね、周りの国から見ても、やはりものすごいリスクですよ。

◆ソ連と北朝鮮は短命で中国は長生きする最高指導者

石平　中国は経済大国で軍事大国にもなっています。考えてみれば、高橋先生が指摘したように最高指導者の習近平が物理的に倒れたら、あるいは頭が完全におかしくなったら、まさに中国がそのまま内部分裂したり、あるいは戦争に走ったりするという状況になり得ますね。そういう可能性は今むしろ大きくなっているのかもしれません。

高橋　実務家も排除されて一極集中がすごい習政権3期目の体制は、身体面で彼自身に最大の危機が宿っているとも言えます。

石平　習近平が倒れた後、どうなるかは全くの不明です。彼がトップである以上、そのときにどうなるか、あるいはどうするかというシミュレーションが今、共産党内部で行われているはずもありません。

しかし中国共産党の最高指導者の場合、倒れないように健康を保つことには日頃からあらゆる方法が使われています。

高橋　どれだけ健康法をやっても、突然どうなるかはわからないでしょう。

石平　そうかもしれません。しかし結果的には中国共産党の最高指導者はみんな長生きしています。毛沢東は82歳、鄧小平92歳、江沢民に至っては96歳まで生きています。

高橋　すごいですね。確かにみんな短命じゃない。

石平　実は最高指導者には独特の健康法があるのです。最高指導者は普段、食べる物も全然違います。専用の農場もあって野菜や肉も一般の市場で販売されているものとは違うのです。

さらに、いろいろな噂もあります。健康を保つために例えば女性の乳を飲ませるとか、臓器が悪くなったらすぐに別の健康な臓器を移植するとか。

習近平の場合は食事を何十人かのチームでつくっているのです。そのチームにいる栄養士、漢方医、西洋医学医などの専門家が彼の毎日の食事を決めているでしょう。

高橋 彼も肥満気味ですよね。

石平 そういう面もチームで管理しているはずですよ。一時期よりは痩せました。

高橋 短命の中国指導者はいないわけですか。

石平 胡耀邦は73歳で亡くなったので短命のほうでした。ただし胡耀邦は本当の最高指導者ではありません。胡耀邦は中国共産党中央委員会総書記であっても本当の最高指導者は鄧小平だったのです。

高橋 一方、ソ連やロシアの最高指導者は比較的短命でした。

石平 そう、ソ連のスターリンが74歳、フルシチョフが77歳、ブレジネフが75歳でした。もっとも、フルシチョフは70歳で失脚していますね。プーチンも健康問題が囁かれていますね。

高橋 プーチンの健康状態こそ今のロシアの最大の国家機密でしょう。

石平 まさにそうですね。

髙橋　また独裁国家の北朝鮮では金正恩の父親の金正日が70歳の若さで亡くなりました。金正恩も肥満体質だから長生きできるかどうか。

石平　長生きできるはずがありませんね。しかも彼はまだ39歳です。

髙橋　彼の血液検査の数値も国家秘密だから表に出てきません。しかし実際の数値を見るまでもなく、あんな肥満だと検査の数値は全部悪いと思いますよ。

それにしても、ソ連や北朝鮮に比べて中国の最高指導者は長生きというのは困ったものです。

◇ブリンケンへの無礼な待遇で優位性を示したい中国

石平　２０２３年６月18日と19日に米国務長官のブリンケンが北京を訪問して、中国外相の秦剛、共産党政治局員の王毅、習近平と順に会談しました。米国務長官としては5年ぶりの訪中で、バイデン政権になってから初めての国務長官の訪中です。今の米中関係がどん底に落ちているなかで、今回のブリンケン訪中が関係改善の契機となるかどうか、関心も高かった。

髙橋　23年2月の予定だったブリンケンの訪中がスパイ気球問題で延期になってしまったた

め、今回は仕切り直しでした。ブリンケンは習近平とも会談しているのだから、その点で中国が米国を歓待したと言えます。

石平　しかし2日間の訪中が終わって内外の大きな注目を集めたのは一連の会談の中身や成果よりも、中国側のブリンケンに対する非常に無礼な待遇でした。

まずブリンケンが専用機から降りたときに中国側は今までの歓迎に反して赤絨毯を敷きませんでした。ちなみに2012年に当時の国務長官だったヒラリーが中国を訪問したときには中国側はちゃんと赤絨毯を敷いたのです。中国はブリンケンには赤絨毯なしというしょうもない小細工を行いました。

髙橋　形式的にはブリンケンをわざと大物扱いしなかった。

石平　もっとも、中国側がそんなことをやるのは別の意図もあるからです。手強い交渉相手がやって来たら最初に何らかの形で不意打ちを食わせて相手の勢いを削ぐという昔から中国にあった手口のことを中国語では「当頭棒」と言います。つまり、赤絨毯を敷かないことでブリンケンにも当頭棒を行ったのです。

髙橋　その点では手強い相手だと認めているわけですね。

石平　認めています。しかしさらに異様だったのは習近平との会談のときです。本来なら1対1で対等に向かい合って会談します。ところが今回、習近平は上座に議長のように座り、その前方の両側にブリンケンと王毅を座らせるという形を取りました。

これは会社で社長が上席に座って前方の両側に部下たちが並ぶ形と同じ。となると社長から部下たちが訓示を受けるように、習近平からブリンケンも訓示を受けるような感じになってしまいます。

あたかも中華皇帝が朝貢してきた属国の使節を扱うように、習近平はブリンケンを扱った。これは米国に対して習近平と中国の優位を示すという一種の演出です。

髙橋 いかにも中国がやりそうなことですよ。

石平 ブリンケンはそれを甘受してそのまま座り、特に中国側に不満を示しませんでした。これには米国国内の一部からも批判の声が上がり、日本でも識者たちのなかに「中国に圧倒された米国の腰抜け外交だ」と酷評する人もいたのです。

私はそのような批判は必ずしも当たらないと思います。というのは、ブリンケンの場合、1時間前に習近平との会談が急に決まったため事前にどんな座り方になるかをチェックする時間もなかったでしょうから。また、ブリンケン自身にも座り方に特にこだわっていた様子はありませんでした。それはブリンケンが国家元首ではないことも大きい。

米中首脳会談であれば、当然、米国側と中国側は事前に座り方などを含めて打ち合わせをしたはずです。ブリンケンとしては自分は国家元首ではなく習近平は国家元首なのだから、この座り方でも別にかまわない。メンツを何より大事にする中国人とは違って、会談した事実自体を重んじるという大人の対応だったのです。

とすれば座り方で米国は腰抜けになった、あるいは腰砕けになったと評するのは間違いだと思います。

高橋　ブリンケンとしては名よりも実を取ったということでしょう。石さんの言うように中国の最高指導者と会えたのですからね。会談の成果としてはやはり、会えたか会えないかには大きな違いがありますよ。習近平の立場では米国との関係をこれ以上悪化させたくないから、ブリンケンに会わないわけにはいかなかったのです。

◇米中関係の悪化を避けたい中国の本音

高橋　2人の会談の中身では別に習近平がふんぞり返っていたわけでもありません。

石平　それどころか、中国側がセッティングした座り方の無礼さとは裏腹に、習近平が会談でブリンケンに語った内容は尊大さも挑発性も全くない温和なものだったのです。むしろ中国側の卑屈な部分と弱腰的な部分も垣間見えています。

ブリンケンとの会談での習近平の発言は人民日報に掲載されました。そのポイントを挙げると、彼は最初に「広大なる地球は米中両国の発展と共同運営を許容しているはずだ」と言いました。つまり「我々が争う必要は全くない。地球は広いのだからお互いに繁栄しましょう」ということです。ここには尊大さはどこにもありません。

次に彼は「大国間の競争は時代の潮流に沿わない。米国と中国は競争しなくていいじゃないか」と言い、「中国は米国の利益を尊重している。中国は米国に挑戦したり米国に取って代わったりするつもりはない。米国も中国の利益を尊重すべきであって、中国の正当なる利益を損なうような行動をしないでほしい」と語ったのです。

最後に彼は「米中両国はこれから万難を排して、お互いに尊重しながら平和共存できるような関係をつくっていかなければならない。そのような関わり方が見つかると私は信じたい」と結んだのです。

要するに、中国は優位性のある米国に取って代わるつもりはなく、米国も中国の利益を尊重し配慮してほしい、ということです。これは私には中国が米国に懇願しているように聞こえます。

高橋 確かにそこに中国側の卑屈な部分と弱腰的な部分が顔を覗かせていますね。

石平 実はもう1つの非常に重要なポイントがあって、中国にとっての核心中の核心であるはずの台湾問題に習近平が一切ふれなかったということです。

ブリンケンはこの前に王毅と会談しました。そこで王毅は「中国は台湾問題で妥協する余地は一切ない」と非常に強い口調で釘を刺していました。にもかかわらず、習近平が台湾の話題を避けたのは米国と関係をこれ以上悪くしたくないと思っているからで、腰砕けになったのは中国側だという気さえします。

髙橋 最高指導者ではない王毅なら、上から言わされているのだと米国側も聞き流せるでしょう。しかし習近平まで台湾問題を持ち出したら、かなり心証が悪くなりますね。中国側もそれがわかっている。

石平 だから、何とかして米中関係のさらなる悪化を食い止めて関係改善に持っていきたいというのが中国側の本音ですよ。米国との関係改善を望むのは、米国との経済協力を進めて中国経済が悪化するのを防ぎたいからです。ブリンケン訪中の前に中国に来たビル・ゲイツと習近平が会談したのも同じ理由からです。

中国は、米国に勝てないことも、米国と経済協力をしないと中国経済が悪化することもわかっています。中国には米国と関係改善をする以外の選択肢はないのです。

しかし表向きには座席のセッティングのような子どもじみたことをしてしまいます。そうやって自分たちの優位性を演じる以外に何も誇るべきものがないのです。実際には負けているのに表向きには勝っていることにしたいというのだから非常に情けない。

髙橋　米国には対中会談でよけいな小細工をする必要など全然ありません。

石平　ブリンケンは6月19日に帰国する前の北京での記者会見で、「ウクライナ侵攻を続けるロシアに現在も今後も武器を提供することはないという約束を中国から得た」と述べました。この約束をしたのは一連の会談のうちの王毅、秦剛、習近平の誰かは定かではありません。けれどもブリンケン発言に対して中国側からは一切、否定も反論もないので約束があったのは本当です。これでも米国は実を取ったのです。

髙橋　米国にとってブリンケンの訪中は成功でした。

ブリンケンが訪中したのは、キューバにある中国の軍事関連施設をつくるなと言うためでしょう。中国の偵察気球を撃墜してブリンケンは訪中をやめた。今度はキューバの地上に軍事情報収集のための施設をつくるのを米国としては容認できないはずです。だから、王毅局員と外相とブリンケンは長時間話した。下手をするとかつてのキューバ危機の二の舞になると、ブリンケンは中国に警告するためだけに訪中したのでしょう。その意味でも訪中は成功です。

石平　中国側は特に王毅が台湾問題に関与しないように米国に譲歩を強く迫りました。ブリンケンはやはり6月19日の記者会見で「台湾独立は支持しない」と語っただけで、台湾問題での譲歩に応じた痕跡はありません。

しかし日本の一部の識者はブリンケンの「台湾独立は支持しない」という発言について「これで米国は台湾問題で中国に譲歩した」と言っています。全くの見当外れです。「台湾独立は支持しない」は米国政府の昔からの一貫した言い回しであり、ブリンケンは去年6月の対中国政策の演説でも同じ表現を使っています。

米国の基本的立場は「台湾の独立は支持しない。ただし中国の力による一方的現状変更も許さない」ということです。

◇バイデンの習近平への独裁者発言の裏側

石平　ブリンケン訪中後の6月20日、バイデンは国内の選挙イベントで米国軍が中国のスパイ気球を撃墜したことに関して「習近平は実はスパイ気球の状況を把握できていなかった。彼は何も知らなかった。それは独裁者にとって大きな恥だ」と発言しました。

この発言は習近平には堪えたでしょう。状況も把握できてないアホの独裁者だと言われたようなものだからです。彼への露骨な嘲笑で、「裸の王様」扱いをしたとも言えます。

髙橋　彼が独裁者なのは間違いないですよ。

石平　だからバイデンは以後も独裁者発言について否定も撤回も一切していません。けっして失言ではなく故意だったのです。

タイミング的には自分の部下であるブリンケンが北京で屈辱的な座り方をさせられた直後なので、それにバイデンの気持ちがやはり収まらなかったのでしょう。何もできなかった部下のために自ら反撃したのだと思います。

高橋　独裁者発言には中国側も怒らざるを得ません。

石平　それで中国外交部（日本で言う外務省）報道官が6月21日の記者会見で「極めて馬鹿げており無責任だ。基本的事実にも外交的礼儀にも反しており、中国の政治的尊厳に対する重大な侵害だ」と激しく反発しました。同日、中国の駐米大使も米国政府に対して強い抗議を行ったのです。

ところが、そこには3つの注目すべきポイントがあります。まずバイデンが習近平を名指しして独裁者と呼んで愚弄しているのに、中国側はバイデンには一切ふれなかったことです。バイデンへの直接の批判は避けています。

次に中国側が米国側に独裁者発言の撤回も釈明も謝罪も一切求めなかったことです。ただ反発しただけでした。つまり、これも弱腰での対応で、中国側はせっかくブリンケン訪中で米中関係の改善のきっかけができたのにそれに水を差すことを心配しているのです。

高橋　バイデンのほうは平気で独裁者発言をしたのだから中国に対して非常に強気ですね。

石平　最後のポイントは、バイデン発言もそれに対する中国側の反発も、中国国内で全く報じられていないということです。

中国外交部は毎日の記者会見のやり取りを文字化して外交部のホームページに掲載しています。だから6月21日の記者会見でのやり取りも掲載されました。ところが、そのやり取りから独裁者発言に対する外交部報道官や記者の発言は削除されているのです。

中国は自国の最高指導者が米国大統領に嘲笑されたのに、それをなかったことにして隠忍自重するしかなかったのです。

◇日本はデリスキングへの流れに用心せよ

高橋　ブリンケン訪中のときには中国首相の李強はヨーロッパを訪問していました。中国はブリンケンを受け入れつつ李強をヨーロッパに派遣したわけで、欧米両方に対して目配りをしました。わかりやすいメッセージです。中国が欧米に対し下手に出ていることの表れだと私は見ています。

中国としては、かなり効いている経済取引の規制を緩めてくれないかということであり、なかでも特に半導体規制を緩めてほしい。

石平　中国経済は落ち込む一方なので、中国も経済回復で欧米を頼りにしている面がありま す。しかし先端半導体だけは中国が規制の緩和を望んでも無理です。

髙橋　先端半導体は軍事にも直結しているため規制は緩められません。

ただしトランプ政権は「デカップリング」と言っていたのに、バイデン政権は「デリスキング」という言い方をするようになりました。デカップリングが「分断」なのに対し、デリスキングは「リスク軽減」ということです。

しかしデカップリングだから取引をしないということではありません。実際には、同じく取引をするにしても規制の程度問題なのです。ヨーロッパの人たちはデリスキングのほうを好んでいます。

石平　ヨーロッパ経済の中国依存度は高いですからね。

髙橋　G7広島サミットでの首脳宣言にも「成長する中国が、国際的なルールに従って振る舞うことは、世界の関心事項である。我々は、デカップリングまたは内向き志向にはならない。同時に、我々は、経済的強靭性にはデリスキングおよび多様化が必要であることを認識する」と書いてあります。

これはヨーロッパの意見が強く反映された結果です。米国もバイデン政権は民主党なので、デカップリングを強く主張する共和党政権よりもデリスキングのほうが言いやすいんですよ。世界的な流れはデリスキングになっています。

石平 デカップリングよりもデリスキングのほうが中国にとってもやはりマシですよ。

髙橋 中国はヨーロッパを向き、米国を受け入れて、日本を無視しています。というのも、中国はどうせ日本は米国と一緒に行動すると思っているのです。米国を懐柔すれば自動的に日本も付いてくるから、日本には何もやろうとはしません。日本をなめているのです。

石平 そのうえ中国は日本でけっこうスパイ活動をやっていますね。それで23年6月15日に茨城県つくば市の産総研（産業技術総合研究所）から研究データの情報を中国企業に漏洩したとして、警視庁公安部が中国籍の産総研上級主任研究員を逮捕しました。

髙橋 産総研は経産省の直轄の研究機関です。逮捕された中国人は明らかにスパイとして中国から送り込まれていました。漏洩された情報は、半導体の製造工程に欠かせない材料のフッ化水素に関連したものです。中国のスパイは産総研以外の日本の研究機関や大学にもたくさんいます。

そんな中国との融和的な話には日本としても乗れませんよ。何よりまず、日本に来ている産業スパイをどんどん摘発したほうがいい。

石平 日本もスパイは許さないという姿勢を示したうえで、中国と交渉すべきだということですね。

高橋　そうです。しかし欧米がデリスキングと言えるのもスパイ防止法があるからで、産業スパイには厳しいという基礎を築いたうえでなら、規制もある程度は緩くしてもいいという話なのです。

ところが、日本にはスパイ防止法がありません。そうである以上、デカップリングからデリスキングへの流れに惑わされてはいけないのです。

石平　スパイ防止法がないのに、リスク軽減をしたら危なくなるばかりですからね。

高橋　だから現状では、デカップリングをデリスキングにするという議論には用心が必要で、特に日本が強い半導体の基本技術のところについては逆に締めなければならないのです。つまり、デリスキングに行くとしても同時にちゃんとした規制が欠かせません。次章で詳しく述べますが、まずセキュリティ・クリアランス制度をきちんと整備し、さらにスパイ防止法も成立させるべきだと思います。

第6章

親中派をスパイで拘束し自滅

◇ある日突然スパイ容疑で拘束される外国人

石平　習政権は2014年に「反スパイ法」を施行しました。これにより「国家安全」を名目にした外国人の取り締まりを一貫して強化してきました。その結果、2015年以降にスパイ活動に関わったなどとして拘束された日本人は、地質調査会社や大手商社の社員、大学の研究者など少なくとも17人に上っています。

髙橋　17人の拘束というのは多いですよ。しかし罪状がスパイ活動に関わったとされても、具体的な内容は全くわかりません。どういうことがスパイ活動になるのかもさっぱり謎なのです。何に気をつけていいのかわからないなら、どうしようもありません。中国で中国人の知り合いとちょっと話しただけで、当局に拘束される可能性もあります。

石平　今年3月にも、アステラス製薬の現地法人の50代の男性社員が反スパイ法違反だとして拘束されました。この社員は仕事で中国政府や中国の医療関係者と交流があったと言われています。仕事で現地のいろいろな人と会ったり電話で話したりするのは当然です。普通に仕事をしていて拘束されるのではたまりませんね。

髙橋　今回拘束された社員はアステラス製薬の現地法人の幹部で、20年以上も中国に駐在しています。現地の企業の集まりである中国日本商会で幹部を務めたこともありました。だから中国通であり親中の人ですよ。

石平　中国外交部の副報道局長は3月27日の記者会見で、アステラス製薬の社員が拘束された理由について「スパイ活動に関与し、反スパイ法などに違反した疑いがある」と述べました。たったそれだけで、ここでも具体的な容疑は不明です。

髙橋　中国で活動している日本人は、いつ何時拘束されるかわかりません。本当に大変ですよ。

日中青年交流協会の理事長を務めていた鈴木英司さんという方も２０１６年7月に、日本に帰国する直前、北京空港で中国当局に突然、拘束されました。かけられた容疑はやはりスパイだということでした。ものすごい親中の人だったのに中国当局に捕まってしまったのです。

石平　親中なのに捕まったと言うよりも、親中だから捕まったのでしょう。親中の人ほど中国人との交流も多いから、それだけ中国当局に付け込まれる余地も大きいということになります。

髙橋　拘束後に逮捕、起訴されて裁判でも有罪になりました。刑期を終えて帰国したのは２０２２年10月だから、６年以上も自由を奪われたわけです。

それで今年4月に『中国拘束2279日　スパイにされた親中派日本人の記録』という単行本を出しました。拘束・軟禁の悲惨な体験のほか、「日本の公安調査庁のなかに中国のスパイがいる」という話も書いてあって内容は非常に強烈です。

拘束されたときは、北京空港の国際線のターミナルで5人の男に取り囲まれて、そのまま白い車に押し込まれました。男たちは身分証も出さずに「北京市国家安全局の職員」とだけ名乗って、「スパイ容疑で拘束を許可する」と書かれた北京市国家安全局長名の書類を示したということです。

拘束後に軟禁されたため、本人としては逮捕されたのかどうかもわからない。中国当局からは日本の関係者には何の連絡もなく、拘束が日本の関係者に伝わったのも予定に反して日本に帰国しなかったからでした。軟禁なので在中の日本大使も動けなかったそうなのです。

普通の民主主義国では外国人を拘束するのにもいろいろな手続きがあって、実際に拘束したら外部に発表し、その国の大使館にも連絡するといった仕組みがあります。それが中国では全くできていません。

石平　中国で活動している日本人がいつ拘束されるかわからない、また拘束されても関係者への連絡が何もないというのは恐ろしい。

髙橋　しかし中国に進出している日本企業の経営者には、そういうことをまだ他人事のように考えている人が多いのです。

◇親中派ほど当局に捕まりやすい

髙橋　日中青年交流協会の理事長はその立場から言っても親中でした。アステラス製薬も中国が発展して規制緩和があるというので中国への投資を積極的に行ってきました。拘束された社員はもとよりこの企業自体も親中なのです。

石平さんの言うように、やはり中国人との接触が多い親中の人ほど中国では危ない。親中の人ほどスパイ容疑のターゲットとされやすいと言えますね。

石平　同じ拘束されるにしても、日中の交流団体の関係者と日本企業の社員との違いというのはあるでしょうか。つまり、日本企業の場合には中国当局としてもいろいろと取引の余地があるような気がします。

髙橋　国際社会はシビアな世界だから、企業がからむといろいろな取引が成立する余地は否定できません。

これは全くの推測なので、その前提で聞いてください。

海外の企業については実際に、その企業の研究所に中国の研究所から自由にアクセスさせてほしいと中国当局から求められたという話があります。このときは、その企業と中国当局との間にトラブルがあって、トラブルを解消してやる代わりに研究所への自由なアクセスを認めろということでした。つまり、交換条件による交渉ですね。

石平　ではそういうことが今回のアステラス製薬でもあり得るのではないかということですか。

髙橋　可能性はあります。しかしあくまでも全くの推測です。断定的な資料もありません。そのうえで言うと、製薬企業は先端的な研究等の企業秘密を数多く持っています。外部の人間がそれを知るためのいちばん手っ取り早い方法は、やはりその製薬企業の研究所に自由にアクセスすることです。

だから今回のアステラス製薬のケースも、研究所にアクセスさせろと言って拒否されたため社員を拘束した、という可能性もゼロではないでしょう。あるいは逆にこれから、社員を解放する代わりに研究所にアクセスさせろという交換条件を提示するのかもしれません。

石平　アステラス製薬のケースについては、今年3月21日に岸田文雄首相がウクライナで大統領のゼレンスキーと会談したことに対する中国による〝腹いせ〟だという見方もありますね。同じ日にモスクワで習近平とプーチンの会談も行われています。

髙橋　〝腹いせ〟なら、「江戸の敵を長崎で討つ」というやり方だ。

石平　直前の3月17日に国際刑事裁判所は、国際法上の戦争犯罪にあたるとしてプーチンに逮捕状を出しました。もちろん実際に逮捕できるわけではありません。けれどもプーチンは国際裁判所から指名手配される犯罪容疑者になってしまったのです。

この逮捕状が中国にとって1つ目の大誤算でした。つまり、習近平は戦争犯罪容疑者のプーチンと会談したために、同じ悪の仲間として国際社会に見られてもおかしくない立ち位置になってしまったのです。

髙橋　その習近平のロシア訪問に合わせたかのように岸田文雄首相のウクライナ訪問が実現したわけですね。まあ、実際にはやはり故意に合わせたのかもしれません。

石平　それで岸田首相と日本は正義の味方となり、同じ日にロシアを訪問した習近平と中国は悪の仲間だという印象をさらに強く国際社会に与えることになった。これが中国の2つ目の大誤算でした。

髙橋　確かに岸田・ゼレンスキー会談は習近平にとって大打撃になったでしょう。

石平　それで怒った中国は〝腹いせ〟にアステラス製薬の社員を拘束したのではないかということなのです。

髙橋　まさに中国ならやりかねません。

石平　髙橋先生も今、中国に行くと危ないですよ。

髙橋　そう、私が中国に行ったら拘束されると思います。中国の法律は域外適用される。私は反中国の色合いが強く中国国家を冒瀆するようなこともやっているので、その点では拘束される理由ははっきりしています。数年前まで一国二制度だった香港には行けました。一国二制度ではなくなった今はやはり危険で行けません。

私は学者ですから中国の学会からもたまに招聘があるのです。しかし日本政府からも「中国に行ったら捕まらないという保障はありませんよ」と言われています。中国の学会から招聘されても返事は全て「欠席」です。ただしオンラインでなら学会に参加して会話することはできます。

石平　日本人の学者には親中の人もいます。しかしこれまで話したように、むしろ親中のほうが捕まりやすくなっているのだから、親中の学者も中国に行くべきではない。

髙橋　中国に行って危ないという点ではもはや反中も親中も関係ないということですね。

◇何でもかんでもスパイ容疑にできる改正反スパイ法

髙橋　これまでの反スパイ法も酷い法律でした。ところが、それを改正して酷さがバージョンアップした改正反スパイ法が成立しましたね。

石平　改正反スパイ法は全人代の常務委員会で審議されて4月26日に可決、成立しました。すでに7月1日から施行されています。

髙橋　第1条の法律の目的も強化されましたね。

石平　そこが改正反スパイ法でまず注目すべきところです。改正前は「国家の安全を守る」だけだったのに「人民の利益を守る」という規定も第1条に追加されました。「人民の利益」という概念は「国家の安全」よりも断然広い。改正反スパイ法では適用範囲が非常に拡大されたのです。

例えば、中国の株式市場で利益を上げるための情報収集を「国家の安全」と結びつけるのはかなり難しいのに対し、「人民の利益を守る」からならそれを適用対象にすることができます。

髙橋　国家が直接関係していない民間同士の事案にも「人民の利益を守る」と言えば、中国当局が介入できるわけですね。

石平　反スパイ法の基本理念を定めた第2条も問題です。改正反スパイ法には「総体的国家安全観の堅持」が追加されています。「総体的国家安全」とは習政権下で持ち出された概念です。政治、経済、文化、科学技術、資源エネルギーなどを含む幅広い領域での国家安全保障を意味しています。そのため、やはり今後は非常に幅広い分野での「スパイ行為摘発」が可能となり、「文化の安全を守る」という観点なら普通の文化活動までが「スパイ摘発」の餌食になり得るのです。

高橋　これまでも中国の歴史では文化活動が弾圧されてきました。しかしそれは全体的で大雑把なやり方でもありました。改正反スパイ法ならピンポイントで特定の文化活動を狙うことができますね。

石平　第4条はどんな行為がスパイ行為かを定義している法律の最重要な部分です。それで特に注目すべきなのは第4条の（3）で、ここではスパイ行為の定義として従来の「国家機密と情報に対する窃取・探り・購入・不法提供」のほかに、改正反スパイ法では「その他の国家の安全または利益に関わる文書・データ・資料・物品に対する窃取・探り・購入・不法提供」も定義されました。

このようなスパイ行為の定義はまさに前代未聞です。本来、一般的な通念ではスパイ行為とは「機密情報を探ること」です。しかし機密情報でもない「国家の安全や利益に関わる文献やデータ、資料、物品の購入・提供」までがスパイ行為として定義されると、論理的には企業、団体、個人によるほとんど全ての普通のビジネス活動・購買活動がスパイ行為に認定されてしまう恐れがあります。

例えば外国企業が中国でビジネスのために資料を収集したりデータを集めたりする行為もスパイ行為と見なすことができるのです。極端な場合、ビジネスマンや観光客が中国国内で1つの商品サンプルや1冊の刊行物を手に入れた場合も、当局がその商品サンプルや刊行物を「国家の安全や利益に関わる」ものだと勝手に認定すれば、やはりスパイ行為にされてしまいます。

髙橋　本来ならスパイ行為の定義には具体的で詳細なものが示されるべきでしょう。つまり、これまでスパイ行為をしたとして拘束された日本人についても、いったいどんな具体的なスパイ行為を犯したのか、さっぱりわかりません。

それを明確にするという意味でスパイ行為の定義が示されるのではなく、逆に今回は何でもかんでもスパイ行為になり得るような定義になってしまいました。拘束される側はますます訳がわからなくなりますね。ある日本の経営者がスパイの線引きを明確にしてほしいといっていましたが、反スパイ法そのものが曖昧な線引きを特徴とするので、無理な相談です。

石平　改正反スパイ法に基づくと中国にいる日本人を含めた全ての外国人は「誰でも、いつでも、どこでも」スパイとして拘束されても不思議ではありません。

髙橋　本当にそうですね。

石平　さらに第16条では、スパイ行為の通報・密告を全国民に義務付けると同時に、通報・密告用の電話番号、メールボックス、ネットワーク・プラットフォームの開設と運用を国家安全機関に求めています。しかも通報・密告者に対する表彰・報奨・保護の規定も付け加えられました。

これは明らかに「反スパイ人民戦争」の発動とその恒久化を図ったものです。しかし、嘘の通報に対する処罰を定めた条項はありません。

となると今後、報奨金目当て・ライバル潰し・恨み晴らし・嫌がらせなどの邪《よこしま》な動機による虚偽の通報・密告が全国で多発することも予想されます。

髙橋　これまでもスパイ容疑とは言ってもどんな具体的な理由で外国人を拘束したのかを中国当局は全く明らかにしませんでした。とすれば、わざわざ改正反スパイ法をつくる意味があったのかとも思います。おそらく習政権としても、それでも改正反スパイ法をつくらなければならないほど不安を抱えていると言えるのかもしれません。

石平　習政権の弱さの表れだとも思いますね。

◇投資の誘いとスパイの摘発という大矛盾

石平　李強はあちこちで外資に「中国はこれからも開放します。どんどん入って来て投資をしてください」と呼びかけています。しかし一方で習政権は改正反スパイ法によって外資を脅かしているのです。

高橋　外資に中国への投資を求めながら反スパイ法で外資を追い出す、あるいは入れないようにするのだから矛盾しています。ブレーキとアクセルを一緒に踏んでいるのに中国では成り立ってしまうのです。

石平　そもそも習政権は矛盾しているなんて考えていません。だから下の組織の行動の統一を取るようなこともしないのです。下の組織はそれぞれ自分たちに指示されたことをやるしかないし、逆に指示されないことを職員がやったら、その職員はどこかに飛ばされてしまいます。

高橋　習政権は、投資を呼びかけながら改正反スパイ法をつくったわけですから、今さらその規定を緩めるようなことをするはずがありません。

石平　昔は、外国人がどういうことをすると中国当局にスパイ容疑をかけられやすいかがだいたいわかっていました。それなりに用心することができたのです。今は中国で何をしたら捕まるのか、全くわかりません。

髙橋 なぜ捕まるのかがわからないのでは、とんでもなく大変です。実際、今や中国で仕事をしている日本企業の社員たちも「うかつにどこにも行けない」と言ってビクビクしています。

しかし日本企業の経営者の多くがアステラス製薬のケースを我が身のこととして考えているかと言うと、そうではありません。日本の経営者はスパイ容疑のようなことには疎いのです。

石平 改正反スパイ法によって日本企業も中国で市場調査すらできなくなります。市場調査であっても中国で情報や物品を手に入れたときに中国の国家利益に関わるものだと見なされればスパイとして逮捕されるのです。

髙橋 けれども、大半の日本企業は改正反スパイ法に対する認識が全然足りません。それで日本企業の経営者には今、中国に行くと危ないという感覚を持っている人は少ないと思います。現実には、社員を中国に派遣している日本企業は中国に人質を取られているようなものです。

石平 とにかく23年7月1日から中国では「誰でもいつでもスパイにされる」ような恐ろしい

時代が始まりました。外国人としては「中国へ行かない」ことが改正反スパイ法から身を守るための唯一で万全の方法です。

髙橋　だから日本企業もなるべく早く中国から手を引いて帰ってくるしかありませんね。日本企業には中国は人口が多いので商売になるという幻想を持っています。けれども、これから中国の人口も減っていくので、大した市場じゃなくなるでしょう。日本企業も今後の中国に幻想を抱いてはいけません。

◇中国外交には日本も相互主義で対抗せよ

髙橋　外交の世界では「相互主義」というものがあります。相手がやっていることと同じことをやる、ということです。ざっくばらんに言えば、「やられたらやりかえす」。この相互主義は外交の世界では当たり前なのに、日本政府はほとんどやったことがありません。

石平　それで、ファーウェイ創業者・任正非の娘の孟晩舟の事件を思い出しました。2018年12月1日にカナダの司法当局がイランと違法な取引をしたという容疑で孟晩舟をカナダのバンクーバー空港で逮捕したものです。これは米国の要請に基づいた措置だとも言われています。

孟晩舟は単に任正非の娘というのではなくファーウェイの副会長兼CFO（最高財務責任者）でした。そのため、ファーウェイが打撃を受けたばかりか、中国を代表する大企業の経営幹部が外国の行政機関に逮捕されたことで中国の国家的な威信も傷つけられたのです。

高橋　中国はメンツにこだわる国ですから、そういうことは非常に嫌がりますね。

石平　それで中国政府は、孟晩舟がカナダで逮捕された数日後に中国にいたカナダ人の実業家と元外交官の2人をスパイ容疑で逮捕・起訴したのでした。これがまさに相互主義というものですね。

高橋　中国は、やられたらやりかえすのですよ。

石平　結局、2021年9月24日に孟晩舟は米国の司法省との司法取引に応じてカナダで釈放されました。夕方には中国行きの飛行機でカナダを離れたのです。そして、この釈放に併せて中国で拘束されていたカナダ人2人も解放され、25日にはカナダに帰国しました。

高橋　孟晩舟もカナダ人2人も3年近く自由を奪われていました。その間、中国とカナダ、さらにこのときは米国も加わった3ヵ国の間で厳しいやり取りが行われたと思います。やはり外交は甘くないのです。

いずれにせよ、カナダで中国人が捕まったことに対し、中国が相互主義でカナダ人を捕まえたから、捕虜交換のようなことができたのです。

石平　では日本政府も中国で日本人が拘束されたら、本来、相互主義で対応すべきだということになりますね。

髙橋　ところが、日本では相互主義が非常にやりにくい。というのは、どこの国にもスパイ防止法があるのに、日本にはないからです。

相互主義なら、中国が日本人を拘束したら、日本も中国人を拘束するということになります。それによって日本人と中国人を交換できるわけです。だから日本には外国人をスパイ容疑で逮捕できるスパイ防止法がなければなりません。しかし日本には、他のほとんどの国にあるスパイ防止法がないのです。

石平　中国の反スパイ法もスパイ防止法には違いありません。

髙橋　私は実際に安倍政権での特定秘密保護法の成立に関わりました。これも適用の対象を公務員に絞ったスパイ防止法の一部です。この成立過程で政府や国会の親中の人たちの強い抵抗を受けました。それでもどうにか特定秘密保護法は成立に漕ぎ着けることができました。

最近、日本でもセキュリティ・クリアランス制度の必要性が主張されるようになりました。この制度もスパイ防止法の一部で、機密情報へのアクセスを一部の政府職員や民間の研究者・技術者に限定するというものです。

特定秘密保護法やセキュリティ・クリアランス制度は対象が限定されていて、そのような法律も必要です。しかしスパイの防止ということであれば、包括的なスパイ防止法が最も活用できる範囲が大きいと思います。

ただし日本でスパイ防止法をつくろうとすると、親中の人たちがさらに激しく抵抗するでしょう。日本には親中の人たちがたくさんいます。日本政府もよほど腹を決めないと、スパイ防止法を成立させるのは難しい。

石平　林芳正外相はアステラス製薬の社員が拘束されたすぐ後の4月頭に中国を訪問しました。それで社員の解放も期待されたのですが……。

髙橋　この訪問で林外相は李強、外交責任者の王毅、外相の秦剛の3人と会談しています。社員の解放についてはどんな話をしたのでしょうか。現実にはすぐに解放されるどころか、今なお拘束されたままです。林外相は特に親中で中国には非常に甘い。だから文句を言えないのでしょう。

石平　林外相が中国に甘いのは思想上の問題か何かがあるからですか。

髙橋　林外相は日中友好議員連盟の親子二代の会長でした。おそらくお父さんが中国に行くときには林外相も付いて行ったのでしょう。とすれば、林外相はずっと前から中国の工作を受けてきたはずで、中国に強く抗議するというのは無理ですよ。

石平　岸田首相はなぜそんな人を外相にしたのでしょう。

髙橋　自分のライバルでもあるので、林外相の評判が悪くなったらそれはそれでかまわないのだと思います。

石平　岸田首相は中国に対してはどうなのですか。

髙橋　よくわかりません。けれども岸田首相が率いる派閥である宏池会の政治家の大半は政治と経済は別と考えています。日本企業の中国進出には熱心な人が多く、宏池会全体としても中国に対して非常に融和的です。

第7章

第三世界のATMと化した中国外交

◇ＡＩＩＢと一帯一路は完全に失敗

石平　鳴り物入りで登場した「一帯一路」構想と「ＡＩＩＢ（アジアインフラ投資銀行）」は今や見る影もありません。世界経済における中国の凋落を象徴しています。

髙橋　どちらも最初は華々しかったですがね。

石平　一帯一路はアジアとヨーロッパを連結する陸路と海路による巨大な貿易圏を形成するという構想です。２０１３年9月から10月にかけてカザフスタンとインドネシアを訪れたときに習近平が発表し、２０１７年10月に正式に国家ビジョンになりました。ＡＩＩＢも２０１３年10月にやはり彼が創設を明らかにしました。一帯一路にＡＩＩＢが資金を出すという関係です。

髙橋　私はどちらも胡散臭いと思いました。しかしそれらが出てきた当時の日本の雰囲気は「バスに乗り遅れるな。日本もＡＩＩＢに出資せよ」というものだったのです。日経新聞をはじめ、とりあえずＡＩＩＢに関わって儲けたいという勢力もありました。だから、違う意見を言うのは大変でしたよ。

石平　それでも髙橋先生は反対意見を言ったのですね。

髙橋　ＡＩＩＢの話が出たとき、私はテレビ朝日系の討論番組に出て、「ＡＩＩＢはとんでもないところに行ってしまう暴走バスですよ。そんな暴走バスに乗ったら大変です」と反対しました。コメンテーターは私も含めて４人。しかし他の３人は「バスに乗り遅れるな」というコメンテーターばかりで賛否の数では完全に劣勢でした。テレビ局にはめられたと思いましたね。

それにしても当時、ＡＩＩＢに日本が出資するかどうかの判断は非常に際どく、出資に回ってもおかしくなかった。本当に危なかったですよ。

石平　当時の安倍晋三首相に、ＡＩＩＢはダメだと進言したそうですね。

髙橋　ＡＩＩＢのような国際金融の話が来たときには、未知の話だから理論を使っていろいろと推測するしかありません。国際市場では人民元は信用されていないため金利が高くなって、中国が裏付けになっているＡＩＩＢも高利貸しになるだろうと予測しました。

私はそのことを安倍首相に伝えたうえで、「習近平は必ず安倍首相に『日本もＡＩＩＢに乗ったら得をしますよ』などと悪魔の囁きをしてくるでしょう」と付け加えたのです。すると安倍首相に対し、実際にその悪魔の囁やきがあったのです。私の予想通りだったので、安倍首相も身構えたのです。

石平　当初、日本もＡＩＩＢに出資すべきかどうか、けっこう揺れていたように見えましたね。

高橋　そうなんです。米国も同じように揺れていた。しかし安倍首相が米国に確認したところ、米国はＡＩＩＢに出資しないという判断になったようです。日本がＡＩＩＢに出資しないことになったのは、私の助言だけでなく米国の判断を参考にした面もあります。米国も私と同じような感覚があったみたいですね。

日本と米国はＡＩＩＢを相手にせずにＡＤＢ（アジア開発銀行）を基盤にして一緒にやっていけばいい。

石平　いや、安倍首相にとって髙橋先生の助言がいちばん大きかったのは間違いありません。それを知ったら習政権は髙橋先生を中国人民の敵にしてしまうでしょう。

髙橋　ＡＩＩＢはダメだという見通しは当たりました。私は日本国には全然悪いことを言っていません。日本はＡＩＩＢのような地雷を踏まないで本当によかった。

石平　一帯一路については今はもう習近平ですら何も言わなくなっています。

髙橋　一帯一路ではせいぜいロシアが中央アジアで協力し、中央アジアのいくつかの国が一帯一路の新しいシルクロードをつくるという建前でＡＩＩＢに多少協力するくらいしかできないでしょう。

石平　ウクライナは戦争前、一帯一路に協力的だったと聞いています。

髙橋　べったりでした。さすがに今はウクライナも一帯一路に協力する余裕はありません。

◆共産党体制では絶対に人民元通貨圏の拡大はできない

髙橋　中国は人民元の販路を拡大したくても一帯一路もＡＩＩＢも行き詰ってきているから難しくなってきています。

石平　一帯一路以外では、例えば最近、ブラジルとの取引では人民元決済が増えてきているようです。

髙橋　確かに中国とブラジルとの間では人民元が少しは使われています。しかし人民元は国際通貨ではないので全面的には使いづらい。ブラジルも喜んで人民元を使いたいわけではないですよ。

中国との貿易が間断なく続いていけば、ブラジルは輸出でもらった人民元を輸入に使うということも続けられます。けれども普通は、両国の輸出入が並行してうまく重なっていくことはありません。その場合、輸出が多いとブラジルでは人民元が使われずに貯まってしまいます。現実にはブラジルとしても人民元を遊ばせておくわけにはいかないので、何とか運用しなければなりません。ところが、人民元の金融商品などほとんどないため運用できないのです。

石平　だから人民元は全面的には使いにくい。これは当然、ブラジルだけではなく中国と取引をするどの国にも当てはまることですね。

髙橋　その点、米ドルは最も使いやすい。米ドルなら金融商品はいくらでもあるため、貿易によって米ドルが貯まったら、すぐに金融商品で運用できます。そのお陰で、結局、貿易の取引コストも安くなる。

同様にユーロ、ポンド、円の金融商品も多いので簡単に運用できます。

石平　人民元は中国との貿易では使えても、人民元が余分に余ってしまったら、その国は困るわけですね。

髙橋　国際決済取引での人民元のシェアは3％程度にすぎません。中国政府が「人民元は伸びている」と言っても、すごく少ない数字がちょっと伸びているだけなのです。ただし今、ロシアはドルが使えない制裁を受けているので、ロシアと中国との間での人民元決済が増えているでしょう。それでも知れたものですよ。

また、人民元の場合、突然、取引を止めると言われる恐れもあります。その点でも危なくて使えないのです。

石平　では、中国はなかなか人民元の販路を拡大できませんね。

高橋　けれども、実は中国自身にとっても人民元での取引が増えていくことが必ずしもいいとは限らない。

石平　どうしてですか？

高橋　人民元での取引をどんどん増やしていくと、人民元を自由に使わせろということになり、資本取引の自由化という話に必ず行き着いてしまうのです。それで資本取引を自由化すると最後には土地を買うという話になります。中国では土地は国有なのでそれは絶対に無理だから、資本取引の自由化はできません。

ほかにも資本取引の自由化を行うと、外資が中国企業を買って100％子会社をつくりたいと言い出すでしょう。それも中国では絶対に許されないですよ。

要するに、資本取引の自由化については中国が社会主義体制である以上、全くできません。だから人民元も国際通貨に絶対になれないのです。

石平　中国では、人民元決済を増やしてドルから国際通貨のトップの地位を奪えという人もいます。そんなことは今の中国の国家体制では不可能なのですね。

高橋　〝絵に描いた餅〟ですよ。

◆半導体産業も崩壊に向かう

石平　米中対立による先端半導体のサプライチェーン（供給網）を中国から切り離すという動きになっています。半導体関連の外資も中国から出ていくのは間違いないですね。

髙橋　米国のバイデン政権は中国を唯一の競争相手と定め、経済面でのデリスキング（リスク管理）を進めるようになりました。G7の財務相・中央銀行総裁会議でも中国への投資を規制するという話が出てきています。だから、中国から切り離したサプライチェーンをつくるというのは本格的な話です。当然、半導体関連の外資が中国に留まる理由もなくなる。

ただし単に中国から切り離したサプライチェーンだけだと中国から切り崩される国もあってちょっと危ないので、G20のロシアと中国は除いて、西側だけでサプライチェーンを構築し、そこにインドなどの民主国家も仲間に入れようとしているのです。

背景になっているのが民主主義の価値観を共有する国や地域同士でサプライチェーンをつくる「フレンドショアリング」の考え方です。これを提唱した米国の財務長官のイエレンは、フレンドショアリングであればレアアースなどの中国依存のリスクも自由貿易を維持しながら軽減できるとも強調しています。

石平　民主主義という価値観を共有したサプライチェーンであれば、独裁国家の中国やロシアと明確な境界ができるわけですね。

髙橋　以上の前提で力説しておきたいのは、先端半導体を製造する場合に最も重要なのが実は半導体をつくる機械、つまり半導体製造装置です。それを生産しているシェアが大きいのが米国、オランダ、日本なのです。それに加えて、半導体のもとになる半導体素材でも日本の世界シェアは大きいのです。

だから、この3ヵ国が半導体製造装置を中国に供給しなければ、さらに半導体素材も含めて中国に提供しなければ、中国では先端半導体はもとより各種の半導体も製造できなくなってしまいます。すでに3ヵ国はその供給を絞っていますので、中国の半導体産業はこれから崩壊に向かっていくかもしれません。

石平　中国はもう先端技術もダメになるということですね。

髙橋　ダメになって先端技術がアウトになると、中国では技術の発展が思うように進まなくなる。

石平　そうやって中国から先端技術が離れてしまうとしても、伝統的な労働集約的な産業や加工産業は生き残っていくのでしょうか？

高橋　最近では独裁国家の中国と取引していること自体がリスクになっていて、外資も中国への投資にかなり抑制的になってきました。それには経済安全保障という考え方も拍車をかけています。
しかも中国に進出すると社員がスパイで捕まってしまう可能性も高くなってきました。もはや投資においては中国はメリットよりもデメリットの多い国になっているのです。

◆台湾のＴＰＰ加盟を早く進めよ

高橋　習政権は反スパイ法をちらつかせて外資をドン引きさせています。つまり、外資との関係を自ら悪化させているわけです。にもかかわらず、一方ではＴＰＰ（環太平洋経済連携協定）への参加を希望しています。
石平　こっちが何も譲らなくてもそっちは何でも譲るべきだ、というわけですね。習政権の傲慢さが表れている。
高橋　ＴＰＰは民主主義国同士のわかりやすい貿易圏なんです。もっとも、今のところはまだ加盟国のうちベトナムだけは本当の民主主義国とは言えません。ベトナムもいわば中国を牽制するためにＴＰＰに入った。だからいずれ民主主義国になると思います。

目下、ＴＰＰ加盟を申請しているのは中国のほかに台湾、エクアドル、コスタリカ、ウルグアイ、そしてウクライナです。私もＴＰＰ構築には関わったのでわかるのですが、このなかで中国のＴＰＰ参加だけは絶対に認めないでしょう。ＴＰＰは最初から中国が参加できないような仕組みにしてあるからです。

石平　むしろＴＰＰは経済圏による一種の中国包囲網でしょう。

髙橋　そうですね。ＴＰＰでは国営企業（中国なら国有企業）への優遇策の縮小と撤廃、環境への配慮、労働者の保護などを掲げています。どれもやる気のない中国がＴＰＰに入れるというほうがおかしいのです。

石平　ＴＰＰに参加している11ヵ国は23年3月に閣僚級が出席する会合でイギリスの加盟を認めました。イギリスが入ればＴＰＰ加盟国のＧＤＰ総額は11・7兆ドル（約１６４０兆円）から14・８兆ドル（約２０８０兆円）に増えて、世界全体のＧＤＰに占める割合が12％から15％に高まるとされています。

髙橋　イギリスのＴＰＰ加盟は経済圏の拡大だけでなく中国排除のためにも非常に大きい。日本としては、中国がＴＰＰに入るために日本に対して軍事力も含めて強烈な圧力をかけてくることをいちばん恐れていました。それは米国がＴＰＰから抜けたときの最大の懸念でもあった。

しかし空母を含めた軍事力を持つイギリスが加盟したら、中国が軍事力で日本に圧力をかけようとしてもなかなかできません。日本はかなり楽になりました。

石平 TPPに参加するには加盟国全ての承認が必要です。

高橋 イギリスは香港を中国に返還するときに一国二制度を50年間維持すると両国間で合意しました。それなのに中国は香港の一国二制度を事実上潰してしまったわけです。それに怒っているイギリスが中国のTPP加盟を承認するはずがありません。

石平 台湾のTPP加盟についてはどうでしょうか?

高橋 日本としては台湾のTPP参加をできるだけ早く進めることが重要でしょう。米国がTPPに加盟していないからこそ、日本はオーストラリア、ニュージーランドなどと組んでTPPを主導的に運営していくことができるのです。

今のところ台湾は経済での中国依存度が高くなっています。TPPに入れば中国の経済圏に依存しなくても食っていける可能性が出てくるので、中国ともあまり付き合わなくても済むようになるでしょう。

◆暴言を吐いた中国の駐日大使をなぜ国外追放しないのか

石平　習政権の幹部には習近平への忠誠が最優先され、それは外交にも反映されています。外交では本来、相手国と良好な関係をつくるのが仕事。けれども、ここ数年の中国による戦狼外交は相手国との関係を壊しかねないようなものとなっています。

髙橋　中国の新しい駐日大使もとんでもない発言をしましたね。あれも戦狼外交ですよ。

石平　新任の駐日大使は呉江浩です。そのとんでもない発言というのは23年4月28日に日本記者クラブでの記者会見で飛び出しました。

この会見で彼はまず福島原発処理水海洋放出の一件を取り上げ、処理水のことを何の根拠もなく「汚染水」と決めつけて放出を激しく批判しました。それはヤクザが相手に喧嘩を売るときに、まずは本題と無関係の別件で言いがかりをつけるのと同じ手口です。

彼はまた、日本政府による半導体輸出規制について「中国市場を失うだけでなく日本の半導体産業の未来を失うことになる」と言いました。明らかに日本の半導体産業全体に対する恫喝で、「俺様に逆らえば大変なことになるぞ！」というヤクザの口調そのものです。

そして台湾問題について、「〝台湾有事はすなわち日本有事〟という考え方は荒唐かつ危険」とし、「中国の内政問題を日本の安全保障に結びつけるのはきわめて有害であり、日本の民衆が火の中に連れ込まれることになる」と言い放ちました。日本国民全体に対する赤裸々な軍事恫喝です。

髙橋　ひどい。中国の反日の連中がネットに書き込むレベルの発言ですよ。とうてい一国の外交官の発言とは思えない。

石平　中国のネット上では普段、「日本が我らの祖国統一を妨害したら、日本列島全体を火の海にしてやる！」「台湾解放のついでに大和民族を根こそぎに滅ぼしてやろうではないか」といった過激な言論が溢れています。

しかし中国の外交官でしかも駐日大使が公然と「日本民衆が火の中に」と発言し、日本国民全体に対して大量殺戮のニュアンスの軍事恫喝を行ったのは前代未聞ですよ。中国が日本を批判するとしても、これまでは国民と政府をわけて後者を批判してきました。中国国内のメディアはこの発言の重大な意味がわかっているので、喝采拍手して大々的に報道しました。

本来、日本国政府は中国に強く抗議して呉江浩を国外追放しなければなりません。それくらい重大な外交事件です。

髙橋　まさにそうです。駐日大使の問題発言を5月10日に国会で取り上げ、林外相に対して「断じて許すことはできない。（駐日大使を）国外追放すべきではないか」と問い質したのが私の知り合いでもある松原仁衆議院議員でした。

これに林外相は国外追放には一切ふれず、「在京中国大使の発言はきわめて不適切であると考えておりまして、外交ルートを通じて厳重な抗議を行ったところでございます」と答えたのです。

石平　「外交ルートを通じての厳重な抗議」と言っても、外務省の官僚が中国側に電話を1本かけたというだけでしょう。ただのアリバイづくりで本気の抗議ではありません。恫喝を容認しているに等しい。絶対に呉江浩を国外追放にするべき重大な事件ですよ。

高橋　日本の外務省も林外相の手前、中国に抗議するのが怖いらしい。

石平　林外相自身も中国のことを怖がっています。

高橋　しかもすでに言ったように、もともと林外相は中国に非常に甘い。

石平　呉江浩がここまでの対日恫喝と批判を行ったことは、依然として中国が戦狼外交一色だということの証拠です。同時に習政権が「戦う対日強硬外交」に舵を切ったことの表れでもあるかもしれません。

◇中国の戦略は西側の切り崩し

高橋　23年4月18日に日本の軽井沢で行われたG7外相会議の共同声明は、中国に対して強い態度を打ち出しました。

石平　私はその共同声明の内容を高く評価しています。習政権が台湾侵攻への準備を着々と進め、台湾有事の危険性が高まってきているなか、G7諸国が一致団結して中国に対し台湾侵攻を許さないという意志を明確に示したからです。

髙橋　威嚇、強制、脅迫、武力の行使を控えるように中国に求めています。G7は中国がそのようことを行使し得る状況にあることを強く懸念しているわけです。

石平　だから、台湾問題に関しては「国際社会の安全と繁栄において台湾海峡の平和と安定が不可欠」という共通認識を示し、「力または威圧によるいかなる一方的な現状変更の試みにも強く反対する」という毅然とした立場を表明しました。

髙橋　しかしG7のなかで中国についての立ち位置が微妙だったのがフランスでしょう。

フランス大統領のマクロンが4月5日から8日まで中国を訪問したとき、習近平は北京と広東省広州市でそれぞれ会談と晩餐会を行い、さらにエアバス160機の購入も約束しました。非常に手厚い歓待ぶりだったわけです。

石平　それが一時的には功を奏したのかもしれません。訪中後のメディアのインタビューでマクロンは「最悪なのは、台湾の問題について米国の歩調や中国の過剰な反応に合わせてヨーロッパの国々が追随しなければいけないと考えることだ」と述べたのです。

この発言は世界的な波紋を呼び、各国の政治家たちから批判を浴びました。当然でしょう。現に自由世界の一員である台湾が中国からの軍事的脅威に晒され世界の平和と安定が脅かされているのに、マクロンの発言はどう考えても西側諸国の団結を乱して中国を増長させる愚論でしかありません。

もし西側諸国の多くがマクロンと同じように中国の台湾侵攻をとらえているとしたら、まさに中国にとって願ってもないことであり、台湾有事は確実に起きますよ。

髙橋 しかし少なくとも他のＧ７諸国は中国を非常に厳しく見ています。

石平 現実としては私もそう思います。

4月中旬に訪中したドイツ外相は台湾侵攻に対する反対の態度を中国側に明確に伝えました。フランス自身も国際社会の反発を前にしてマクロン発言の軌道修正を始めました。結局、Ｇ７外相会議ではフランス外相も対中国で足並みを揃えて台湾問題への譲らない姿勢を示したのです。

ところで私は、マクロンの訪中に関する一連の政治的な動きを見て「合従連衡」を想起しました。

髙橋 中国の戦国時代の故事ですね。

石平 当時の中国では7つの国が並立して弱肉強食の戦いを繰り広げていました。そのなかで、軍事大国の秦の脅威に晒されている魏、趙などの6ヵ国は共通の敵である秦に対抗して「合従」と呼ばれる同盟関係をつくったのです。

同盟関係になった6ヵ国になかなか手を出せなくなった秦は、6ヵ国の合従を破るために「連衡」という戦略を取ることにしました。すなわち、1ヵ国ずつ個別に利益誘導などの手段で籠絡し、6ヵ国の合従から1ヵ国ずつを徐々に切り崩していったのです。

この秦の連衡策は成功を収め、6ヵ国の合従は崩壊してしまいました。それに乗じて秦は6ヵ国を各個撃破し全ての国を滅ぼしたのです。

髙橋 政治の観点では今日でも通用する話ですね。

石平 十分に通用します。この故事が21世紀の我々に伝える最大の教訓とは、現代の秦である中国の連衡策に乗せられて西側の団結が乱れたら、災いが我々全員に降りかかってくるということです。

だから中国の台湾侵攻を許せば、日本を含めた近隣国は次から次へと中国の侵略の餌食になっていきます。そうならないためには我々は対中国の合従をよりいっそう強化していかなければなりません。

髙橋 なお、G7外相会議の共同声明の内容は、5月19日から21日まで開かれたG7広島サミットの首脳宣言にそのまま反映されています。G7の中国に対する態度はこれからも一貫して変わらないはずです。

◇どの国も本音は中国はＡＴＭ

石平　外国の首脳が中国に行ったり、逆に中国の首脳が外国に行ったりする機会が増えています。

例えばフィリピン大統領は23年1月に中国を訪問して両国の関係強化を図りました。しかしそのフィリピン大統領が4月に米国へ行ったら、公然と「米国と台湾との軍事連携を強める」と発言したのです。

すでに話したようにマクロンも中国に誘われて訪中し、中国の喜ぶような発言をしました。しかし軽井沢でのＧ７外相会議ではフランス外相も対中国で足並みを揃えました。

髙橋　要するに、たいていの国は中国向けの顔と西側先進国向けの顔を使い分けているわけです。通常は片方だけに肩入れするより、両方とうまく付き合ったほうが得をしますから。

石平　ブラジル大統領のルラも中国に行って経済援助をもらいました。それでも西側先進国の手前、ブラジルは必ずしも今後、中国の意向通りには動かないでしょう。

結局、どの国の首脳も中国に行くのは、習近平の機嫌を取ると経済利益が手に入れられるので、その目的を果たすためなのです。マクロンも中国に行ってエアバスの注文がたくさん取れました。それ以上でもそれ以下でもありません。

高橋　中国を金づると考えているだけだとすれば、多くの国の首脳は本音では習近平をバカにしていることになります。

石平　特にアフリカ諸国の首脳はみんなわかっています。彼らにとって習近平は自動ＡＴＭのようなものなので、暗証番号まで知っている。すなわち、「１つの中国を支持する」「台湾独立に反対する」という暗証番号を入れたら、中国からどっとお金が入ってくるのです。

高橋　アフリカ諸国も中国をうまく活用していますね。

石平　中国外交について髙橋先生はどう見ていますか？

髙橋　最近、イランとサウジアラビアが国交回復をすることになりました。それに貢献したとして中国が名を揚げたとされています。

しかし両国の国交回復は欧米が中東から引きつつある結果ですよ。米国はもはや中東に関心がなくなっている。中東は面倒くさい地域なので、長期的にはともかく、中東は中東だけでやってくれということで欧米は引き始めているのです。

ただし中国の場合、エネルギーなどでまだまだ中東に依存すると思っています。エネルギー問題からすれば世界の３分の１以上の二酸化炭素を排出しているのが中国なんですよ。

中国が外交で中東に関与している裏側を見ると、中国はエネルギーではずっと化石燃料を使うつもりでしょう。そういう意味では、中国はそんなことをいつまで続けるのか、どうしようもないなという気がします。

石平 しかし中国はサウジの石油を買うときに人民元で取引しようと画策して失敗しました。当然ですよ。サウジは中国から石油の代金を人民元でもらっても使いようがありません。ドルを寄こせということになります。

高橋 中国がどんなに頑張っても貿易取引でドル決済から逃れるのはやはり無理なのです。

◇中国にロシアとウクライナの仲介は不可能

石平 23年2月24日に中国外交部は12項目からなるウクライナ戦争の「和平案」を発表しました。

そのなかで特に気になる項目を取り上げると、第1項目は「各国の主権の尊重」、第2項目は「冷戦的思考の放棄」を訴えているのに、ウクライナの主権を実際に犯しているロシアへの批判はありません。第3項目では「停戦」、第4項目では「和平交渉」を双方に呼びかけています。けれども、その前提条件となるはずのロシア軍撤退については一切言及していないのです。第10項目の「一方的な制裁の停止」に至っては、西側から制裁を受けているロシアを一方的に庇うもので、仲介者としての公正性を最初から放棄しています。

高橋　もともと中立的ではない中国に、ウクライナとロシアの仲介役などできやしません。中国はウクライナと関係が非常に深かったのは事実です。しかしこれまでロシアに肩入れしてきたので、ウクライナも中国の提案を受けることはできません。

石平　実際、中国の和平案に対してゼレンスキーも2月24日の記者会見で「中国が提示したのは複数の見解であって、具体的な計画でない」と言って失望感を隠さず、その「停戦の呼びかけ」には「停戦はロシア軍撤退が必要だ」として一蹴しました。

高橋　すでに言ったように、岸田首相が3月21日にウクライナを訪問したことで中国とロシアの立場が打ち消されてしまいました。これはよかった。あんなにいいタイミングは日本の外交で滅多にありません。つまり、中国がロシアに行ってウクライナとの仲介に入ろうとしたところ、そのときにちょうど岸田首相がウクライナにいたため、ウクライナも中国の意向には乗れなかったのです。

同じアジアから行っているのに、犯罪人のプーチンと会っている中国の習近平、ロシア軍の蛮行のあったウクライナのブチャで祈りを捧げる日本の岸田首相は好対照となりました。

石平　Ｇ７広島サミットに合わせてゼレンスキーが来日し、５月21日に首脳会議に参加しました。

髙橋　Ｇ７の首脳は次々にウクライナを訪れました。さらにＧ７広島サミットではＧ７の首脳とゼレンスキーが一堂に会したのです。となるとウクライナも西側陣営の立場がはっきりしました。その点でも中国はロシアとウクライナの仲介役にはなれません。

ここまでの経緯を考えると、結果的には日本が中国の仲介役を潰してしまった形になりました。

石平　もっとも、ウクライナ問題についてはＥＵもウクライナもまだ多少は習近平の顔を立ててはいます。

もちろん誰も本気で中国が調停できるとは思っていません。ロシアに大量の軍事支援をさせないように中国との関係を何とかつなぎ止めておく。中国の全面的な軍事援助を許したら、ロシアは一気に回復してしまうからです。

髙橋　ウクライナが頑張っているのはある意味では、習近平のお陰ともいえる。表立っては中国もロシアにさほど援助をしていないのですから。それに、ロシアがすごく中国に依存すると、ウクライナも米国に依存することになる。するとロシアとウクライナの戦争を経由して今度は米中対立になってしまいます。さすがの習近平もそこまではバカではないでしょう。米中対立を本格的にやるのは避けたいはずです。

石平　いや、習近平は米中対立の本格化を覚悟していますよ。次は台湾併合の話にならざるを得ないので、それは避けようがない。

とはいえ米国と徹底的に対抗するためにはやはりEUとの関係を維持したい。むしろ逆に米国との対立が深まれば深まるほどEUを籠絡したいのです。もし中国がウクライナ戦争で完全にロシア支援をしたらEUとの関係も完全に切れてしまい、完全に敵対関係になります。EUを籠絡するために習近平もまだロシアへの軍事援助に踏み切るつもりはないと思うのです。EUもそれはわかっているでしょう。

髙橋　中国としてはウクライナ戦争が長引いてほしい。

石平　そうです。ウクライナ戦争でロシアが負けたら、EUが習近平に期待することは何もなくなります。戦争が終わった時点で西側にとっての最大の敵は中国となるので、中国にはウクライナ戦争を終わらせる考えもないのです。

だから中国にとってはむしろ戦争が長引いたほうがいい。今はどの国もみんなお互いの思惑がわかっていながら駆け引きをしているのです。

髙橋　しかしロシア自身に戦争を長引かせる力があるかどうかですね。5月9日にロシアの首都モスクワで行われた対独戦勝記念日のパレードは、例年に比べて大幅に縮小され、参加した戦車も第2次世界大戦時の超旧式の1台だけでした。だから、世界のメディアにはこの軍事パレードを見て、ロシアの戦闘力の衰えの表れだという見方で報道しているところもありました。

ただし、そもそも戦争をしているときに最新の戦車を多く出すのは無理なんですね。軍事専門家に聞いたら、「軍事パレードは国にもかなり大きな負担になるので、戦争をしているときには大々的にはできないよ」と言っていました。本来、大々的な軍事パレードは平時でないとできません。

だから、戦争をしているから大々的な軍事パレードができなかっただけなら、まだロシアには戦争を続ける力が残っているという見方もできるでしょう。今は傍目からは本当のところはわかりません。

第8章

平和が破壊される確率は高い

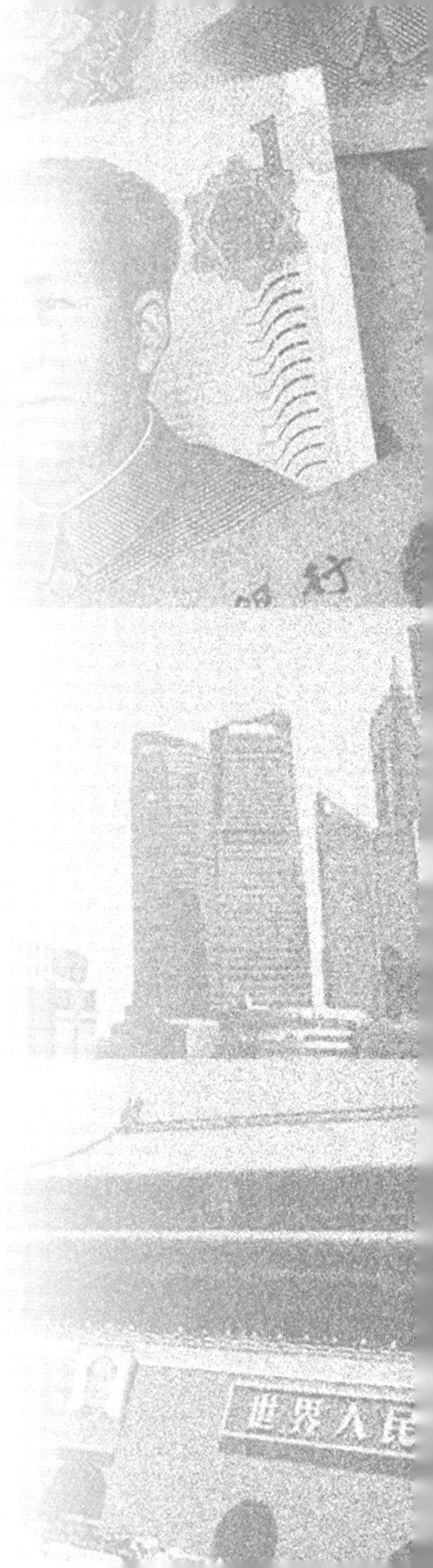

◇戦争のリスクを避ける「平和の3要件」

髙橋　私が財務省から米国の大学に留学したとき、たまたまマイケル・ドイルという人が受け入れの先生でした。ドイル先生は米国のなかで比較的左寄りの人で、国際関係論ではこれしかないというほどの理論である〝民主主義平和理論〟を提唱した人として有名です。

石平　どんな内容の理論なのですか。

髙橋　「民主主義国は戦争しない」という非常に素朴な理論です。哲学者のカントの主張にも通じています。

しかしドイル先生は数字が得意ではなかったから、「民主主義国は絶対に戦争しない」と断定する根拠が数字で示せない。そうすると例外もあって、「この民主主義国は戦争をやりましたよ」と反論されてしまう。

だから、私はドイル先生に「民主主義国は戦争しないのではなく、民主主義度（民主主義の程度）が高ければ高いほど戦争の確率が低くなるという表現なら正しくなります。確率を使えば間違いないですよ」と話したのです。

石平　民主主義国でも場合によっては戦争をするということですね。

髙橋　米国留学では比較的時間があり、かつドイル先生に言った手前もあって、私自身で戦争の確率の研究をしました。

世界の戦争については過去３００年間ぐらいのいろいろな数値化されたデータがあります。それを使って戦争の起こる確率について統計分析をしたのです。ただしこれは私のオリジナルではなく、米国ではごく少数の学者ですがやっている研究です。

石平　戦争の起こりやすさを統計分析の数値によって示すわけですか。

髙橋　国の置かれた状況によって戦争の起こる確率を算出できるということです。ただし一般の人たちが理解しやすいのは「どういう状態なら戦争が起こりやすいか」ではなく、その裏返しである「どうすれば戦争のリスクを避けられるか」だと思いました。

石平　では、戦争のリスクを避けられる確率を出したのですね。

髙橋　そうです。統計分析の結果、まず平和を保つ要素には３つあることが明らかになりました。「自国と相手国の民主主義度を高くすること」「相手国との相対的な軍事力の差を小さくすること」「有効な同盟関係を結ぶこと」です。そのうえで、各要素ごとに戦争のリスクを避けられる確率を出すと順に33％、36％、40％となりました。

この３つの要素は「平和の３要件」と呼べるでしょう。

◇軍事力のアンバランスが戦争を誘発

髙橋　「平和の3要件」のうち「自国と相手国の民主主義度を高くすること」については、「両国が民主主義国だと滅多に戦争しない」という古典的な民主的平和論ともほぼ同じだと考えられます。だからこれは「一方が非民主主義国だと戦争のリスクが高まり、双方ともに非民主主義国なら戦争のリスクはさらに高まる」ということでもあります。

平たく言うと、民主主義国同士はほとんど戦争をしない、民主主義国と独裁国家は戦争をそこそこにやる、独裁国家同士はすごく戦争をしやすい。面白いくらいにわかりやすいでしょう。

石平　非常にわかりやすいですね。そうなる理由についてはどうなのですか。

髙橋　民主主義国であれば行動は基本的に選挙で選ばれた政治家の合議によって決定されます。したがって政治家は常に国民の視線を意識する必要があるし、三権分立や二院制のように権力機構がお互いに牽制する仕組みがあるので、そもそも戦争をするという極端な行動が選択されにくいのです。

反対に、民主主義からかけ離れた独裁国家では選挙や権力の相互牽制機能は存在しないため、戦争をするという極端な行動が採用されやすくなります。

それで、まず相手国が民主主義国だと戦争確率は圧倒的に下がり、相手国が独裁国家だと戦争確率が高くなるのです。これは自国とは関係なく相手国によるとも言えます。

石平 なるほど。次の「相手国との相対的な軍事力の差を小さくすること」は2つの国で軍事力のアンバランスがあると戦争が起こりやすいということですね。

髙橋 互いの国の軍事バランスが取れなくなってくると、均衡状態が崩れて戦争発生のリスクが高まってしまいます。軍事力が優位になった国が「いま戦ったら、勝てるんじゃないか?」と考えると戦争のインセンティブが強くなるのです。

こうした開戦への誘惑を避けるには、軍事力の低い国はそれを高めて相対的な軍事力のバランスを回復させなければなりません。軍事力が均衡していれば、どちらの国も戦争をしたときに耐えられないほど大きな損失を被る可能性が高まります。それで戦争への抑止力も高まるのです。これも相手の国との関係でとらえます。

石平 人間も非常に力の強い奴と弱い奴がいたら、弱い奴が虐められやすいですからね。

髙橋 ただし軍事力にあまりにも大きな差がついていると、劣位にある国が優位にある国に対して属国化するので、かえって戦争のリスクが低下する場合もあります。とはいえ、均衡した状態から属国化する状態になるまでの期間、つまり軍事力の差が大きくなるまでの過渡期にはやはり大きな戦争発生のリスクを抱えてしまうのです。

◇子供でも分かる強者の論理

髙橋　最後の「有効な同盟関係を結ぶこと」は2つの国が同盟関係を結べば他国から攻撃される可能性が低くなるということです。もっと言うと、軍事力の弱い国でも軍事力の強い国と同盟関係になれば、他の軍事力の強い国から攻撃されにくくなります。同盟は対外的な抑止力を高めるのです。

また、意外な盲点として、同盟を結んで同盟関係になれば、その同盟に加盟している国同士で戦争をする可能性がまずなくなる。この点でも同盟は戦争のリスクを減らします。

石平　実はその理論は私が子供の時代に実践していたものです。

私は4歳から12歳まで四川省の山村で育ちました。山村ではしょっちゅう隣の村の子供たちと喧嘩するし、山村のなかでもお互いに喧嘩する。

私は昔から背が小さくて腕力も全然なかったのです。でも私が虐められなかったのは、村のいちばん強い奴と友だちになったからでした。ウチは祖父が漢方医だったから患者が祖父の診療を受けに来るとお菓子や鶏など美味しいものを持ってきます。

一方、いちばん強い奴の家はめちゃくちゃ貧乏。鶏など滅多に食えない。だから、鶏をもらったら、その強い奴を呼んで一緒に食ったりしたのです。強い奴と仲が良かったので誰からも私は虐められませんでした。

髙橋　まさに虐められっ子がどうやって凌ぐかという話ですよ。強い相手に虐められないためには、さっきの話のように自分が強くなるか、あるいは、すごく強い相手と組むかしかない。

私も小さいころは虐められやすいタイプだったので、非常に嫌な奴でもヤクザっぽい奴でも強い奴と組んでいるとやられにくいことはわかっていました。まあ、子供なら誰でもわかっていることです。

他人と群れないで1人でいるというのは、よほど強くない限り、やられてしまいます。他人と群れてそのときにいちばん強い奴と組むのがやられないためにはいちばん楽なのです。

石平　国際社会も事情は全く同じですね。

髙橋　ここまで話したことをまとめると、国の場合も相手が民主主義国のときには何もしなくていい、相手が非常に喧嘩っ早くて強い国だったら、それを上回るように自国も強くなるか、その国をやっつけるくらいの強い国と組む、それが戦争のリスクを避ける方法だということになります。すごく簡単な話なんですよね。

石平　日本も米国という強い国と組んでいます。

髙橋　今のところ、〝さいきょう〟の米国と組むのが日本にとってベストの選択です。この〝さいきょう〟には「いちばん強い」と「いちばん狂っている」という2つの意味があります。その米国と組むというのはガキ大将と組むと一緒で、好きか嫌いかとは関係なく同盟を組んだほうがいいのです。

ともかく戦争をしないためには、その国が好きとか嫌いとかとは関係なく強い国と同盟を結ばなければなりません。もし中国が〝さいきょう〟になってしまったら、中国と同盟を結ぶべきです。

石平　そのような世界になることだけは是が非でも阻止したいですね。

◆日米同盟の強化につながった安倍首相の平和安保法制

髙橋　日本人で「平和の3要件」の話をするのは私以外にまずいません。米国留学から帰ってきた後、安倍首相にも戦争に関連して「平和の3要件」の話をしたところ、興味深く聞いてもらえました。

安倍首相は多大な労力をかけて平和安保法制を制定しました。それによって米国との間での集団的自衛権の一部を実現したのです。集団的自衛権は同盟を強くするための基礎なので、平和安保法制によって日米の同盟関係が強化されたことになります。だから平和安保法制は、私の言った「有効な同盟関係を結ぶこと」に該当します。これで戦争確率が減るのです。

石平 平和安保法制の制定には、当時の野党の民主党を中心に猛烈な反対がありましたね。

髙橋 そのときの民主党などからの反論は「戦争に巻き込まれる」というものでした。しかし米国のような強い国との同盟関係を強化すれば、これまで言ったように、戦争に巻き込まれるどころか戦争を抑止する力が大きくなるのです。平和安保法制はむしろ戦争確率を減らすためだから、巻き込まれ論の人は大きな誤解をしています。

石平 平和安保法制の制定にも、髙橋先生の「平和の3要件」の話が大きな影響を与えたのですね。

髙橋 それはけっこう使えるので、安倍首相にもよく話しました。安倍首相からは「髙橋さんみたいな人というのは他にいないね」と言われたことがあります。

石平 学者にも2種類の人がいて、本来わかりやすいことをわざと難しく説明する学者と髙橋先生のように難しいことを最もわかりやすい形で説明する学者です。

高橋　ただし単に定性的な言い方だと差別化できないので、私は確率などの数字で説明するようにしています。そこで差別化できるのです。
　安倍首相は数字の話をするまでもなく「平和の3要件」をすぐに理解してもらいました。

石平　防衛に関係の深い外務省や防衛省の官僚はどうなのですか。

高橋　当然と言うべきか、外務省の人はこういう理論に全然関心を持ちません。対して防衛省の人は「高橋さんの話は面白い」とすごく関心を持ってくれました。

石平　日本の政治家で安倍首相以外に高橋先生の「平和の3要件」の話を理解してくれる人はいるでしょうか。

高橋　23年4月28日にも衆議院安全保障委員会でその話をしました。多くの国会議員が理解してくれたと思います。

◇ウクライナが侵攻されるのは必然だった

石平　「平和の3要件」は今回のウクライナ戦争でも全く当てはまりますね。

高橋　ウクライナは同盟をどの国とも結んでいませんでした。ロシアは独裁的でもともと危険だったし、軍事バランスもロシアのほうが大きかった。それでロシアには戦争のインセンティブが強く働いてウクライナに軍事侵攻したのです。ウクライナが軍事力の強い国と軍事提携を結んでいたら、やられたはずはありません。

軍事同盟ではなくてもＥＵに入っていれば、やはり攻撃される確率はすごく減ります。多くの国々がＥＵに入っているのにはそういう理由も大きいのです。

石平　ＮＡＴＯ（北大西洋条約機構）ではなくてもよかったんですか。

髙橋　そう思います。もちろんＮＡＴＯは軍事同盟なので戦争を防ぐという点では強力です。ウクライナがＮＡＴＯに加盟していたら、ロシアもしっぺ返しが怖いから、絶対に手を出せませんでした。

石平　日本は日米安保条約を結んでいます。これも強力でしょう。

髙橋　いえ、日本には憲法９条があって集団的自衛権を全面的に行使できないのでまだ弱いですね。

しかし安倍首相の平和安保法制で集団的自衛権の一部が行使できるようになったので日米同盟もそれなりに強化されたとは言えます。それでも私の理論によればまだ同盟の強さが足りません。

米国との間で核シェアリングまですると、かなり強くなります。だから私は安倍首相に

「核シェアリングをしてください」と言ったのです。今のところ、残念ながら核シェアリングは実現していません。

石平　ウクライナも核を放棄してしまったことが、ロシアに攻め込まれた大きな要因の1つですね。

髙橋　核を自国で持っていたら、たとえ同盟をしていなくても自国の防衛力が強くなったと見なせるのです。そうすると自国が強くなったという意味でやられにくくなります。全く同盟を組まないのなら核を持つしかありません。

石平　北朝鮮は中国との間で中朝友好協力相互援助条約を結んでいます。これは形骸化しているとも言われていますから、北朝鮮も自ら核を持っておくべきだと思ったのでしょう。

髙橋　北朝鮮は核を持っているから日本との間での軍事バランスが崩れてきています。日本の周りには中国、ロシア、北朝鮮という独裁国家があって、しかも3ヵ国とも核を保有しているのです。日本は危険地帯にいます。

こういう状況ではやはり日本は、日米同盟を強化して核シェアリングをするか、攻撃してきたらやり返す強力な反撃能力を持たなければなりません。

今、日本も防衛費を増やす方向で議論が進んでいます。関連して米国の巡航ミサイルであるトマホークを400発くらい導入する予定です。次の段階ではトマホークよりももっと強烈な兵器を装備したほうがいいと思います。

◇憲法9条改正で軍隊ができれば日米は完全な同盟となる

髙橋　私は平和安保法制は日本の戦争の確率を減らすと一貫して説明してきたし、巻き込まれ論の人には「巻き込まれるのではなく、強い国と組んだらちょっかいを出されることがなくなる」という言い方をずっとしてきました。

巻き込まれ論の人は米国が嫌いです。私も米国はそんなに好きじゃないんですよ。でも日本は弱いから強い奴と組む必要があります。強い奴が米国なら、嫌いでもそれは仕方がありません。

石平　隣に中国という国がある限り、米国に頼らなくてはいけない。

髙橋　軍事力のアンバランスの話をすると、昔は日本の仮想敵国はソ連1ヵ国だけでした。だから防衛費もGDPの1％でよかったのです。

今は中国はもちろんのこと、ロシアも北朝鮮も事実上の仮想敵国になっています。それで私は「防衛費はGDPの3％まで引き上げるべきだ」と力説しているのです。しかし「どこかで妥協しろ」と言われるから2％ということになります。

石平　本来はあくまでも3%ということですね。もう1つ、憲法9条の改正も不可欠でしょう。

髙橋　日米は9条があるために不完全な同盟関係になっています。今は相手が米国だから日本もどうにか同盟関係を結んでいられるという見方もできるのです。
戦力の不保持を規定している9条も改正しないと自衛隊はちゃんとした軍隊にはなれません。同盟関係にある国が攻撃されたら日本も軍隊を出せるという意味で、9条を改正して軍隊を持たなければいけないのです。

石平　両国で相互に守るということですね。

髙橋　日本がやられたときに同盟の相手が助けに来てくれるのに、同盟の相手がやられたときには日本は助けに行けませんというのは理屈に合いませんよ。本来、同盟関係はお互いに助け合うという相互主義の下で結ぶべきであり、それが完全な同盟関係というものです。
9条を改正して自衛隊を軍隊にすれば日米は完全な同盟関係になります。私の理論でも完全な同盟関係にしたほうが戦争の確率も減るわけです。今の9条のままだと真の意味での軍隊がないのでNATOにも、米国・オーストラリア・イギリスの3ヵ国による軍事同盟である「オーカス」にも加盟できません。

石平　でも日本には9条を改正したくないという人が多いんじゃないですか。

髙橋　多いかもしれません。しかし、９条改正に強行に反対する、いわば頭がお花畑の人は全国民からすると一部ですよ。そういうお花畑の人は９条について議論すること自体をものすごく嫌っています。

だから実は９条改正の議論で私に挑みかかってくるお花畑の人もいないのです。裏で「米国にかぶれている」といった悪口だけを言っています。私の論理はたとえ米国が嫌いでも同盟を組むというものなので、米国にかぶれているかどうかとは全然関係ないのです。

石平　ではもし日本共産党が主張するように日米安保条約を破棄したら、日本の防衛費はどれくらいかかるのでしょうか。

髙橋　米国と組まないと日本だけで国防をやることになるので、自前の核兵器も持たなければなりません。防衛費もＧＤＰの３％どころか、５％から６％くらいまで急増することになってしまうでしょう。

石平　同盟を結ぶというのは費用の面でも安上がりになるのですね。

髙橋　しかし、今のところ米国だけと同盟というのではちょっと寂しいという感じもします。もっとも今は、日本はオーストラリアとイギリスとは準同盟の関係です。だから両国を本当の同盟に格上げすればいい。それで、いつでも両国の艦船を日本に寄港してもらい、同じく戦闘機も日本の空港に降りてもらうようにする。
日本は米国だけと同盟関係なので、いわば日本は米国だけに飯を食わせています。今度は、オーストラリアとイギリスにも声をかけて、両国にも飯を食わせるということです。そうすると日本の防衛力は確実に向上します。

石平 中国にとっては、香港のことがあってやはりイギリスは特に嫌でしょう。

髙橋 石さんのように自分の体が弱くても強い奴に飯を食わせていれば、他からちょっかいを出されない。飯を食わせる費用など戦争することに比べたら安いものですよ。

◇米軍原潜を買うか借りるか

石平 日本が核兵器を持ったらいちばん困るのは中国です。しかし中国を困らせないために「日本は核を持つな」と強く主張して頑張っている日本人も大勢います。

髙橋 そういう人たちは日本の内なる敵なのです。

ともあれ、もし日本が核を持つなら現実的な解決策としては核シェアリングになるでしょう。

石平 韓国は23年4月に米韓首脳が発表したワシントン宣言で「米国の戦略兵器を定期的に展

開する」と合意し、それに基づいて6月に米軍の原子力潜水艦を釜山港に入れました。目的は建前では北朝鮮への強い牽制です。原潜は核のＳＬＢＭ（潜水艦発射弾道ミサイル）を搭載しているので、これも一種の核シェアリングになります。

高橋　これまで日本にもたびたび米軍の原潜が立ち寄ってきました。表向きには日本には原潜の母港はないはずなのに、神奈川県の横須賀港や長崎県の佐世保港は事実上の母港になっています。

石平　韓国に入港した原潜について付け加えると、原潜のＳＬＢＭは誰から見ても中国を射程にしています。中国はそれに何の反応もできませんでした。習政権も内心ではもう「しまった」と思っているはずです。

高橋　そこで興味深いことがあります。韓国に寄港した原潜が核保有を最初から明らかにしているのに対して、日本に寄港する原潜は核を保有していないとされていることです。けれども、核を保有していないことが確認できないため、日本に来る原潜は実は核を保有しているかもしれません。この核保有の曖昧さが中国、ロシア、北朝鮮への抑止になっているのですよ。

石平　中国、ロシア、北朝鮮を疑心暗鬼にさせることも抑止になるという発想ですね。抑止の効果はむしろ高まるかもしれません。

髙橋　日本の核シェアリングのいちばん簡単な方法は、退役した米軍の原潜を日本が買うか借りるかだと思います。原潜を自前で開発するのはすごく大変なので、退役した原潜を買うか借りるのが合理的なのです。借りる場合は乗員込みで借りればいいでしょう。

そのときにも原潜が核を持っているかどうかを明らかにしないことが重要で、これについて私は「買うか借りるのはもちろんSLBMが廃棄された原潜だ。でもひょっとしたら内部にSLBMが残っているかもしれない」と言っています。

石平　今まで日本に寄港した米軍の原潜と同じやり方ですね。

髙橋　もっと言えば、原潜に限らず日本に核があるかどうかを明らかにしないことが、やはり中国、ロシア、北朝鮮の軍事行動を強く抑止することになるのです。

◇崩壊の道しかない中国は台湾有事を起こす

髙橋　今後、中国の経済が伸びるという前提の下でGDPで中国が米国を超えると、中国が世界の覇権を握るという議論があります。

しかし中国が米国を逆転して覇権を握ることはないでしょう。なぜなら中国の経済活動は資本主義のルールと違いすぎていて経済力が伸びないからです。そうである以上、中国

民主主義指数と1人あたりのGDP

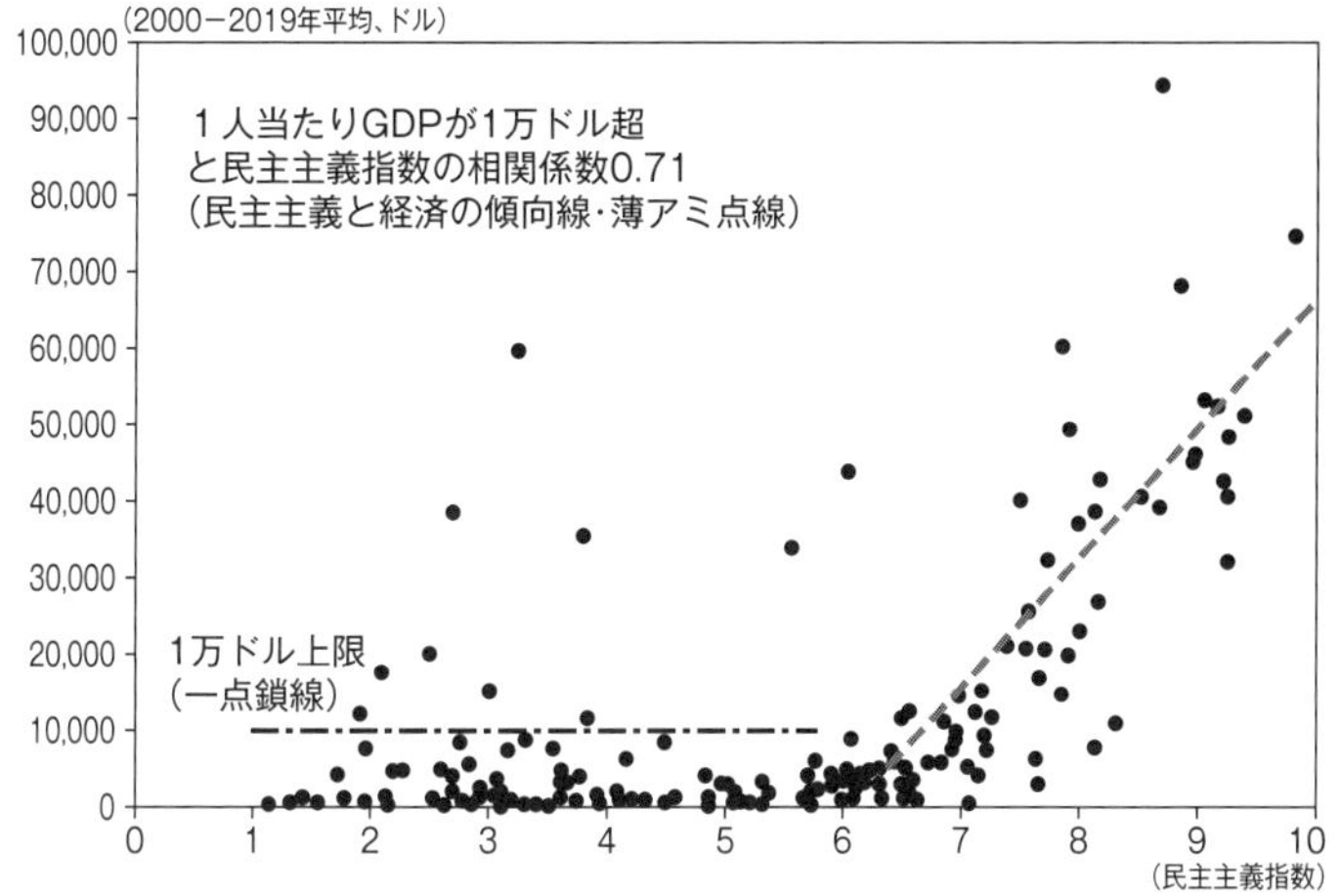

出所：民主主義指数は、The Economist Intelligence Unit 2020
　　　1人あたりGDPは、World Bank

が覇権を握ることもありません。

石平　簡単な話をすると、米国のエリートで中国の国籍を取得したり財産を中国に移したりするような人がほとんどいないのに、米国の国籍を取ったり財産を米国に移す中国のエリートはいっぱいいるわけです。これだけですでに中国は米国に負けていますよ。

髙橋　私は従来から民主主義国は成長し非民主主義国はダメになるという仮説を主張してきました。この仮説も、経済学者のミルトン・フリードマンが昔、「分権的な自由な政治体制がないと経済は発展しない」と言ったこととも整合的です。具体的には、民主主義国でないと、一人当たりGDPは1万ドルを長期にわたって超えにくいという仮説です。もちろん、産油国は例外ですが、これまでこの仮説を覆す国はありません。中国はGDP統計がデタラメなので、一人当たりGDPが1万ドルを超えるかもしれませんが、正しく計測された数字ではそうならないと思っています。なお、民主主義がある一定以上になると、より民主化するほど一人当たりGDPは比例的に高くなります。

石平　かつて鄧小平は、改革開放で経済を発展させようとしたのです。ある程度は成功するのではないかと思われた矢先、習政権が出現して改革開放は逆行してしまいました。それで今や中国経済は落ち込んでいます。

高橋　とはいえ鄧小平が中国の共産主義体制が崩れるまで改革開放をずっと進めていくことを覚悟していたかどうかはわかりません。おそらく鄧小平は、いいとこ取りで共産主義体制のままで資本主義が実現できると思っていたのではないでしょうか。現実はそんなことはできないというところに行き着くと思いますよ。

石平　確かに鄧小平路線がずっと続いたら共産主義体制がいらなくなる日が来たかもしれません。鄧小平路線を引き継いだ胡錦濤政権の時代には共産党の幹部もみんな金持ちになりました。鄧小平路線がそのまま10年、20年続いたら、やはり共産党体制は崩れることになったでしょう。

しかし習近平は鄧小平路線を止めて、かつ中国経済を先祖返りさせているのです。

髙橋　そのお陰でわかりやすくなったじゃないですか。だから、これからは中国には本当に崩壊する道しかなくなってきました。こういうときには海外に活路を求めるしかなくなるというのが人類の歴史なのです。

石平　中国は台湾有事を起こすということですね。

第9章

台湾が「戦わずして負ける」可能性

◆突然全面的に大転換した中国の農業政策

石平　22年10月の中国共産党大会で習近平は活動報告のなかで台湾統一方針をめぐって、「けっして武力行使の放棄を約束しない。必要なあらゆる措置をとる選択肢を持ち続ける」と力説しました。この党大会で一強体制を固めたことと相まって、以後、中国は台湾を武力で併合するのではないかという懸念が日米を中心に高まってきています。

髙橋　台湾有事ですね。今は「台湾有事がいつ起こってもおかしくない」と言う人も増えてきました。

石平　しかし中国も台湾を併合するためにいきなり武力を使うということはないでしょう。やはりその前にいろいろな兆候があるはずで、私はその1つが農業政策の大転換だと思います。

髙橋　農業政策ですか。もっぱら中国の政治と外交を見ている者にとっては盲点かもしれません。どういうことですか。

石平　前提から話すと、胡錦濤政権時代から農耕地の開発をやりすぎて自然が破壊され大洪水などが起こるようになりました。そこで今から20年前に始められた政策が「退耕還林・還草」（農耕地を森林・草原に戻す）です。あちこちで農耕地をやめて森林に変えていくというもので、これによって再び緑地が増えていった。

また、当時は穀物をつくっても全然お金にならなかったため、お金になる換金作物の栽培も奨励されたのです。それで農民は田圃を潰して花を植えるなど経済価値の高いものをつくるようになり、現金収入も増えていきました。

高橋 緑化で地域の災害を防ぎ、農民の所得を増やすというのは真っ当な政策ですよね。

石平 ところが、23年になって突然、習政権は全国で退耕還林・還草とは正反対の「退林・退草還耕」政策を全面的に始めたのです。今まで植えた木を全部伐採して再び農地に戻させ、農民たちは、今までつくってきた換金作物を全部捨てさせられ穀物の米や小麦をつくらされることになりました。しかも、かつての大躍進政策と同様に行政命令によって強制的にやらされています。

高橋 大躍進政策は、毛沢東の主導で1958年に実施した鉄鋼、農作物の大増産運動ですね。しかし餓死者が2000万人前後も出たとされ、大失敗に終わりました。

石平 退林・退草還耕でも全国で多数の樹林・森林が短期間で破壊されました。20年間の退耕還林・還草の成果が台無しになってしまったのです。

そのため、ネット上などでは「20年前から退耕還林・還草で頑張ってきたのに、いきなり退林・退草還耕というのは矛盾ではないのか」「今さら退林・退草還耕にするなら、20年間の退耕還林・還草とはいったい何だったのか」などと習政権の下では珍しく政策転換に対する批判が噴出しました。

髙橋　中国では何でも全面的に一気にやろうとするんですよね。

石平　行政命令で短期間に木を全部切り高い山を削って農地をつくりました。農民の換金作物はもう半分は成熟して収穫の寸前だったのにトラックで潰してしまいました。今、中国では全国で大変なことが起きているわけです。

今の独裁体制では習近平の命令1つでどんなバカなことであっても一斉にやり始めます。下の幹部たちは大変な損失をもたらすとわかっていても誰も反対意見を言えず、そのバカなことをやる以外にはないのです。

髙橋　中国なので規模はずいぶん違うとしても、日本で言うとかつての日本列島改造に近いようなことでしょう。

しかしバカなことにも予算は付いているので公共投資にはなっています。当面は成長率の上昇に貢献するはずですよ。

石平　確かに公共投資に違いありません。

髙橋　ただし今回は全然投資価値がないので後が大変ですよ。その後の維持コストがずっとマイナスで、中国経済の足を引っ張るだけになってしまうでしょう。

石平　となると、ただでさえ農村は貧乏なのに、換金作物が禁じられてますます貧困化してしまいますね。

髙橋　貧困化はどんどん進むでしょう。共同富裕どころか、まさに共同貧乏ですよ。

◇戦争に備え食糧輸入を拡大

石平　習政権が退林・退草還耕を実行する理由に挙げているのが食糧の確保、つまり食料安全保障なのです。

中国政府の公式発表では、中国の食糧生産は2022年まで19年連続の豊作で、2022年は過去最高の6億8653万トン（国民1当たり487キロ）の生産量に達しています。一方、中国は海外から食糧を毎年大量に輸入しており、2021年の食糧輸入量は1億6453万トン（国民1人当たりで100キロ以上）となりました。

髙橋　中国による大量の食糧輸入は爆食と言われています。やはりすごい輸入量ですね。

石平　特に最近の10年間、中国は食糧の自給自足ができなくなって爆食するようになりました。主要な農作物の小麦、トウモロコシ、大豆は米国、ブラジル、オーストラリアなどから輸入しています。

それで国内生産量と輸入量を合わせると、国民1人当たりは約600キロの食糧を確保しているわけで、消費には十分すぎる量です。

髙橋　しかし食料安保なら、習政権は今後の食糧輸入が心配だということでしょう。

ロシアは目下、西側諸国から厳しい経済制裁を受けています。中国が台湾有事を起こしたら経済制裁を受けるのは間違いありません。食糧がその対象になるということですね。

石平　中国は爆食しているのだから食糧を止められると非常に苦しい。それで国内は食糧危機に陥る危険性があります。

だから習政権は台湾に侵攻したときの食糧の経済制裁を予想して、今から退林・退草還耕を強行して食糧の自給自足を最大限に確保しようと躍起になっているのだと思います。

今回の唐突で全面的な農業政策の大転換も戦争の準備だと考えるとわかりやすい。

中国はTPPに参加したいと言っています。けれども、もう自給自足による鎖国の準備をしているのです。

髙橋　米国や日本がやっているのはサプライチェーンに中国を絡めないということだけなので鎖国政策ではありません。西側だけでサプライチェーンができても、お互いに分業してそのメリットを享受するということだから、むしろ交易がすごく進むのです。

中国が鎖国政策によって経済を国内だけで完結したいと思っているなら、経済成長の面ではものすごいマイナスになります。

◇「核心的利益」、残るは台湾と尖閣

石平　さらに台湾有事に関しては、何衛東《かえいとう》という22年9月まで3年間、人民解放軍の東部戦区の司令官を務めた軍人を、同年10月の党大会で中央軍事委員会の副主席と政治局員に大抜擢しました。東部戦区はまさに対台湾軍事の最前線です。だから何衛東を軍の副主席に大抜擢したことは誰から見ても対台湾戦争のための人事としか思えません。

高橋　そういう人物を中核の幹部に抜擢すること自体が台湾へのプレッシャーになるでしょう。

石平　また、党大会が終わってからも22年11月あたりから北京や上海をはじめ全国各地で国防動員弁公室を新たに設立するという動きが始まりました。この機関は各地の共産党委員会・政府・軍の要員から構成される三位一体の組織で、「立体的・総合的国防動員」を遂行すべき任務としています。

中国にはすでに国防動員法という法律があって、国家規模の戦争になるときは軍だけで

はなく企業も国民も全て動員されます。ただし今までは国防動員法を実施するための制度づくりが不十分でした。今から各地に国防動員弁公室をつくるというのはやはり国防動員法発動の準備なのです。

とにかく退林・退草還耕も含めて戦争の準備を見える形で着々と進めているというのが中国の現状です。

髙橋　状況証拠としても戦争の準備が着々と進んでいると思われますね。

石平　当然、米国でもすごく危機感が高まっていて、例えば米国のインド太平洋司令官や米空軍のトップも「我々はいずれの日にか中国軍と戦う」と話しています。

台湾有事が確実に現実味を帯びてきているというのが中国国内の状況です。台湾有事に対して国際社会はどのような認識でしょうか。

髙橋　ロシアによるウクライナ侵攻があったので、「同じことが東アジアにもあり得る」と国際社会も考えています。

しかし中国が台湾侵攻をする理由は大きく、中国という国の事情と習近平の野望の２つに分けられるでしょう。

まず中国については、もともと国家戦略があるのです。大陸国家と言われる中国も２０００年ぐらいから海洋進出を目指すようになりました。海洋国家になりたくてしょうがないんです。基本的には領土拡張の野望があります。けれども陸のほうではもう拡張しにくいから海洋のほうに出るということになりました。

関連した話としては、中国は核心的利益すなわちコア・インタレストという考えを2000年くらいからずっと主張しています。私も核心的利益にはそのときからずっと着目してきました。

石平　核心的利益は領土と固く結びついていますね。

髙橋　だから中国の核心的利益は、ウイグル、南シナ海、香港、台湾・尖閣諸島なのです。中国にとってウイグルは最後に残された内陸部の核心的利益という意味があります。中国は民族浄化とまで言われているくらいに大虐殺を伴いながらウイグルを制圧しました。

そしていよいよ南シナ海という海洋に進出したのです。

石平　中国は、ベトナム沖からマレーシア沖に下りフィリピン沖を通って南シナ海を大きく取り囲む「九段線」を設定し、その内側海域すなわち南シナ海のほぼ全域に主権が及ぶと主張しています。

南シナ海で実効支配を強めながら海洋進出をする中国に脅威を感じたフィリピンは、2013年1月に国連海洋法条約に基づく仲裁裁判所（オランダのハーグに設置）に九段線の無効を訴えました。判決は「南シナ海で中国が設けた九段線には国際法上の根拠がない」という判決が2016年7月に下され、それを中国は「判決は紙屑だ」と言って完全に無視しています。

髙橋　南シナ海に進出した後、中国は香港を強圧的に押さえました。これもやはり予定通りです。

残るパーツは台湾・尖閣だけになりました。台湾・尖閣と一緒にするのはなぜかと言うと、台湾を押さえるためには制海権や制空権を取らなければならないので自動的に尖閣が入ってしまうからです。軍事上では台湾・尖閣は必ず一体になります。当然、中国は台湾侵攻では尖閣も一緒に攻めるから、安倍首相も「台湾有事は日本有事だ」と言った。ただし中国にとって尖閣諸島は付け足しです。台湾を併合しようとすると尖閣が必ず付いてきてしまいます。

石平　これまでずっと米国も日本も他の国もみんな、1つの中国という建前を掲げてきました。ただしこれは中国にとっては意味はありません。もし1つの中国の建前だけで中国が満足するのならば、台湾に対してもう何もやらなくてもいいはずです。中国の本音はやはり台湾を実際に併合したい。建前ではなく現実にも1つの中国を実現したいと熱望しています。

◇習近平に台湾侵攻をしない理由はない

髙橋　中国が徐々に広げてきた支配を習近平がさらに加速しているという感じがしています。南シナ海と香港は確実に中国の手に落ちました。彼は自分で台湾という最後のピースを埋めて歴史に名を残したいはずで、それが台湾侵攻の理由としての彼の野望だと言えます。

石平　中国の軍事力も習政権になってからかなり高まりましたね。

彼は政策理念でもプーチンと思考回路が似ています。プーチンがあちこちで戦争を起こすのはやはり旧ソ連の栄光と秩序を取り戻したいからです。習近平も中華帝国の栄光と秩序を取り戻すということで、「民族の偉大なる復興」というスローガンを唱えています。

髙橋　ウイグルでは非人間的な抑圧を行い、南シナ海は仲介裁判所の判決を紙屑だとして無視し、香港でも一国二制度の約束を全く反故にしました。でも結局、中国の思い通りになっています。例えば香港でも反中国の独立闘争が起こっているわけではありません。

だから彼は、いくら他国から批判されても最後は自分の思い通りになると確信しているのではないでしょうか。とすれば、台湾が思い通りにならないと考えないはずはありませんよ。

彼も「台湾は中国のものだ」とずっと言ってきて、「けっして武力行使の放棄を約束しない」とも明言しました。最後は力ずくでやるということです。逆に3期目で台湾を併合しなかったら、中国国内でも批判されてしまうでしょう。

石平 確かに彼は今、権力の面では頂点を極めていて武力を使うのも容易になっています。けれども、政治的指導者としての権威の面ではまだ毛沢東には遠く及ばない。そこで歴史的な業績を立てることによって自分の絶対的権威を高めたいのです。歴史的業績というのは台湾併合以外にはありません。3期目になって個人独裁体制を固めたので、なおさらそれをやりたくてしょうがないのです。

髙橋 また、年齢もあるでしょう。習近平は今70歳で、人間は70歳をすぎるといろいろなことをする気力が落ちてきます。年齢的にも今は最後のチャンスということです。

プーチンも70歳を超えたとたん、ウクライナ侵攻という変なことをしてしまいました。70歳くらいの人間がやり残したことがあると間違った判断をしがちなのです。プーチンもウクライナはロシアのものだと思い込んでいて、ウクライナ併合をやり残していたと思っていたから侵攻してしまったんじゃないでしょうか。

石平 習近平にとってのやり残しがまさに台湾併合です。その点も含めていろいろとよく似ているので、プーチンは比較対象として絶好の人物だと思います。

高橋　もう1つ、10年も独裁者をやっているとそれまでとは違って本性が出てくるというのも私の仮説です。

プーチンは最初の10年間、ロシア大統領を務め、その後に首相になりました。当時はG8にも加わって協調的でした。首相の後にまた12年間、大統領をやっています。10年目になると本性が出てきました。大ロシア主義を振りかざして「ウクライナはロシアのものだ」と言い、本当にウクライナに軍事侵攻をしました。

習近平も独裁者になって10年経ちました。そういう点でも台湾への軍事侵攻が起こると思います。独裁者は10年経つといろいろなことを起こすのです。独裁者なので周りも止められません。

石平　周辺は子分や側近だから、止めるどころか、みんなイケイケでしょう。正しい情報を誰も彼に教えないのです。

高橋　プーチンも全くそうだったようですね。「ゼレンスキーはすぐ逃げます」「ウクライナに侵攻しても大丈夫です」と言った部下たちがいるらしい。たぶんゼレンスキーが逃げるという前提で戦争を始めてしまったのです。

結果はゼレンスキーが逃げず、大丈夫どころか、ロシアにとっては大変なことになってしまいました。

石平　同様に習近平独裁体制がすごく危険なのは最高指導部に異論を唱える人は誰もいないと

いうことです。彼が戦争をやろうとしたとき、ブレーキをかけるメカニズムがもう存在しません。それ自体も、ある意味では戦時体制の1つと言えますね。

高橋 彼が「台湾に侵攻する」と言ったら、周りの人はみんな「御意」「おっしゃる通りです」などと言いそうですね。「いや、思い留まってください」と言う人はいません。

民主主義国家なら戦争のプロセスに進みそうなときには必ず反対があって、戦争阻止の力がいろいろと働きます。プーチンのウクライナ侵攻のように、大きな間違いが独裁国家ではあり得るのです。

石平 ただし習近平は、プーチンのウクライナ侵攻の失敗を見ています。台湾侵攻も簡単ではないと思わないでしょうか。

高橋 失敗に学ぶ人は賢い人であり、失敗に学ばないで、俺だったら何とかなると思うのが間抜けな人なんです。しかも間抜けな人は「あいつはアホだった。俺なら大丈夫」と思ってしまいます。

習近平が賢い人だったらプーチンの前例に学び、真剣になって考えたうえで負ける戦はしないはずです。賢ければ台湾侵攻はしません。けれども賢くないという前提に立つならやるでしょう。賢いか賢くないか、たぶん賢くない。

石平 賢くありません。そのうえ独裁者は成功したら自分がすごいことになると思い上がっているから、彼はむしろ台湾侵攻をやりたくてたまらない衝動に取り憑かれているかもしれません。プーチンのウクライナ戦争の失敗は習近平の台湾侵攻にマイナスの要素となることがあっても、彼を思い止まらせる決定的な要素とはなりません。

◇台湾併合は「戦わずして勝つ」

石平　台湾の前総統で国民党の元主席だった馬英九は23年3月末から4月上旬まで中国を訪問し、「我々はみんな中華民族だ」と言いました。国民党の多くの人々はやはり中国共産党と、自分たちはみんな中国人あるいは中華民族だという点で同じ認識を持っています。だから国民党は中国共産党に弱いのです。

髙橋　今の総統の蔡英文は民進党なので、24年1月の総統選挙で国民党の候補が勝てば台湾では政権交代が起こります。中国は、まず国民党の候補に総統になってほしいわけです。

石平　中国共産党は23年5月に対台湾工作会議を開きました。常務委員序列4位で統一戦線工作の最高責任者である王滬寧《おうこねい》がこの会議で、「〝両岸は1つの家族〟の理念に則り、台湾同胞を尊重し、愛情を持って幸せをつくっていく」と演説しました（両岸とは海を挟んで向き合っている中国と台湾）。彼としては台湾に恩恵を与える親善姿勢で台湾人の心をつかみ、総統選で国民党の候補に勝たせたいのです。

髙橋　蔡英文が現職として2020年の総統選に出たとき、当初は人気がなくて国民党の候補が勝つと言われていました。ところが、中国が台湾に露骨に圧力をかけ、香港で弾圧を行ったため、一転して有利になった蔡英文が総統選で圧勝し再選した。これは中国が蔡英文を勝たせたとも揶揄されました。

次は中国も同じ轍は踏まないでしょう。

石平　だからこそ王滬寧も親善姿勢を打ち出しているのです。ただし水面下では中国は台湾に対していろいろな工作をしています。

23年4月に鴻海の創業者の郭台銘が総統選に向けて国民党の候補者指名の獲得を目指すと表明しました。これも中国の工作ですよ。

髙橋　だってあの人はこれまでビジネスしかやってこなかった。変ですよ。

石平　まさに彼は「私が総統に当選したら中国と仲良くやっていくから、戦争は避けられる」と発言しています。

髙橋　そう言ったところで、現実には中国が軍事的圧力を弱めることはないと思います。

石平　彼が総統になったら、今の国民党以上に中国共産党のペースに乗せられて統一に向かって突き進んでいくでしょう。

髙橋　鴻海は台湾企業なのに工場のほとんどが中国にあります。しかも中国にある工場の数は非常に多い。だから中国系の企業です。

鴻海が中国で製造しているパソコンの性能は悪くはありません。しかし私は同じ台湾企業でも中国系とそうではないところとはきちんと区別しています。中国系の鴻海のパソコンには何が仕込まれているかわからないので、使わないんです。

石平　郭台銘も中国からいろいろと仕込まれているのは間違いありません。

髙橋　中国の歴史的なやり方は「戦わずして勝つ」という孫子の兵法です。台湾についても中国がいきなり侵攻するというのは24年1月の台湾の総統選挙まではないと思います。というのは、総統選で親中の国民党の候補が勝てば軍事力を使わずに台湾を併合できる可能性が高まります。

中国にとって台湾併合のいちばん簡単な方法は、国民党の候補を総統選で勝たせ、その後に国民投票を行って台湾を併合することです。ロシアが住民投票でウクライナを併合したように、台湾でも中国との併合を問う国民投票を行う。これは民主主義国らしい手続きでもあります。まさに「戦わずして勝つ」というのが中国のベストシナリオです。

◇ウクライナになるくらいなら香港がマシ？

石平　今までの世論調査では、台湾人の大半は中国に併合されるのを嫌がっています。

髙橋　嫌であっても、総統選で国民党の候補が勝って親中政権ができれば、国民に餌をたくさん撒《ま》くでしょう。

この手の話は絶対に嫌な人と絶対にオーケーな人との比率は、どちらもだいたい2割くらいなのです。残りの6割の人たちは、どちらに転ぶかわかりません。そこで餌をたくさん撒いて、「下手したら中国と戦わなければならないかもしれない。けれども戦わないで済んだら、こういういい思いができる」ということを国民に向かってたくさん言うのです。

石平　その髙橋先生が考えるシナリオが現実味を帯びることになるのはどういう状況なのでしょうか。中国共産党がもう攻める体制を整えて、台湾人に「いつでも攻められるぞ。あなたたちはどうするか」という姿勢になっているわけですか。

髙橋　そのような攻める可能性があるとき、「ここでこちらの条件を飲めば攻めませんよ」と言うのです。

石平　中国の共産党政権と台湾の国民党政権との一種の連携プレーですね。中国共産党が「台湾がもし祖国統一に賛成してくれなかったら攻めるぞ」と言い、国民党は「我々がこれに賛成しないと中国に攻められるぞ」と言う。

髙橋　そのように脅かすというよりも、むしろ「併合に賛成するとこんなにいい話がありますよ」という言い方になるでしょう。

つまり、強烈な軍事圧力を見せつつ、「本当に併合をすればこんないい話が多いですよ」と持ちかけるわけですね。天国と地獄のような話を見せるということです。

そういうことを中国は考えていると思います。いちばん簡単な方法であり、戦わずして勝つことができるからです。

石平　撒く餌について言うと、昔、鄧小平は香港に対して「50年間一国二制度を維持する」という餌を撒きました。

髙橋　だから中国は同じことを言うかもしれません。しかし約束などいつでも破れますよ。一国二制度の約束を反故された香港はそのいい例でもあります。

石平　確かに国際社会という立場は、中国が台湾に対して一国二制度を持ち出しても対応しにくいですね。

髙橋　他の国としては「一国二制度に騙されるな」とはなかなか言えません。プーチンも見かけ上民主的な住民投票を行ってクリミアの併合に成功しました。実際にはあれは本当にひどいやり方でした。けれども他の国は批判しにくかったのです。

石平　しかし台湾人の意識もすごく変わってきていて、大半の台湾人はやはり今のままでいいと考えています。もちろん戦争も嫌だし、中国に併合されるのも嫌なのです。

特に、あれほど虐められた香港を見ているから、台湾人ももう簡単に中国の甘言には乗らないかもしれません。

髙橋　しかし香港を虐めたのに香港に残っている人たちはけっこういます。香港の人口が半分になったりしたら大変な話です。現実には全然そうはなっていないので、やはり出られる人は限られています。

◇併合の賛否に揺れる6割の台湾人

髙橋　台湾に対しては、私だったら例えば「台湾では100年間一国二制度を続ける」と言いますね。とりあえず最初にそう言って、タイミングを測って変えてしまうだけです。

石平　でもさっきも言ったように、香港が騙されたから、それ見ていた台湾人は簡単に騙されることもないのではないでしょうか。

高橋　石さんが、そう思うのは民度の高い人たちと付き合っているからですよ。つまり、意識の高い人たちと付き合っている。多くの人たちにとっては何よりも目先の飯が優先されるのです。

意識系は「中国に騙されるな」と言います。けれども、多くの人たちに聞いたら「どちらでもいい、とにかく食えればいい」と答えるはずですよ。

石平　しかし台湾人としては、台湾自身が併合を選んだというようになるのがすごく怖いのです。国民投票でも反対派が多くなるのではないでしょうか。

高橋　希望としては石平さんの言うとおりですが、併合を選んでしまう可能性も十分にありますよ。さっきも言ったように賛成2割と反対2割で、どちらでもいいという6割の人をどう引っ張り込むかがいつも勝負になるのです。意識系は2割ぐらいしかいません。残りの人はどちらでもいいんですよ。

石平　そうですか。私としては台湾人の選択を信じたいところです。

高橋　調査すると、やはり目先の飯を優先する人が多いのです。意識系は少ないから、餌をたくさん撒くと案外釣られることになります。中国もたぶん、そういう現実を考えているはずです。

石平　高橋先生の言うことは習政権時代以前なら当てはまっていたかもしれません。胡錦濤政権までの路線だと、民主主義にならないとしても中国はむしろ台湾のほうに近づいていったのです。それで台湾人も名目的に中国の一部に入ってもおそらく大したことにはならないと思うようになっていきました。

ところが、習政権の10年間で台湾人は変わりました。私はネットで台湾国内の番組もよく見ています。そうした番組では習政権のやっていることも伝えていて、中国の一部になったら台湾もあのように悲惨なことになるのか、と台湾人の多くもすごく恐れているのです。

髙橋　私も石平さんの言うとおりになってほしいと思っているのですが、最悪を考えると、それでも中国を恐れる人より目先の飯を優先する人のほうが多いと思います。「戦わずして勝つ」ために目先の飯を優先する人をどうやって籠絡するのか、中国はいろいろなやり方を考えているはずですよ。

石平　それで、ここまでは親中の国民党の候補が総統選に勝った場合について主に話してきました。しかし総統選で民進党政権になって台湾が中国と距離を置こうとしたらどうなるのでしょうか。

髙橋　総統選に勝って民進党がこのまま政権を維持したら、1つには中国は「攻めることもあり得る」と言いつつ、でも「併合されれば、こんなにバラ色になります」と言うことはあるでしょう。

それでも埒が明かなかったら、中国としては踏ん切りをつけるしかありません。習近平も3期目のうちに意を決して台湾侵攻をやりそうですね。

石平　親中の政権ができなかったら、台湾国民の大半に支持が得られなかったので攻めるしかないと判断し、中国は準備を整えたうえで台湾侵攻に踏み切るでしょう。

髙橋　政権が国民党になっても民進党になっても併合の話がうまくいかないときには、やはり習近平はどこかで腹を固めなければいけません。

石平　別の展開として、引き続き民進党政権になっても中国を挑発することはしないし絶対に併合の交渉にも応じない、ということはありますか。

髙橋　交渉に応じないときには何か口実をつくって軍事的な圧力を行うという形になる可能性が高いでしょう。

石平　また、習政権が「台湾を攻める」と言い続けていると、中国国内でそういうムードが盛り上がって国民も台湾侵攻に前のめりになり、習政権としても実際に侵攻せざるを得なくなるかもしれません。

髙橋　ただし、やらざるを得なくなっても、自分たちから最初に攻撃を仕掛けたという姿勢は表向きには絶対に取らないですね。逆に相手から攻撃してきたという口実をつくってから攻撃します。中国は、そう言えるようにたくさんの工作員を台湾に潜入させているはずです。

第10章

自衛隊、一個師団全滅という危機!?

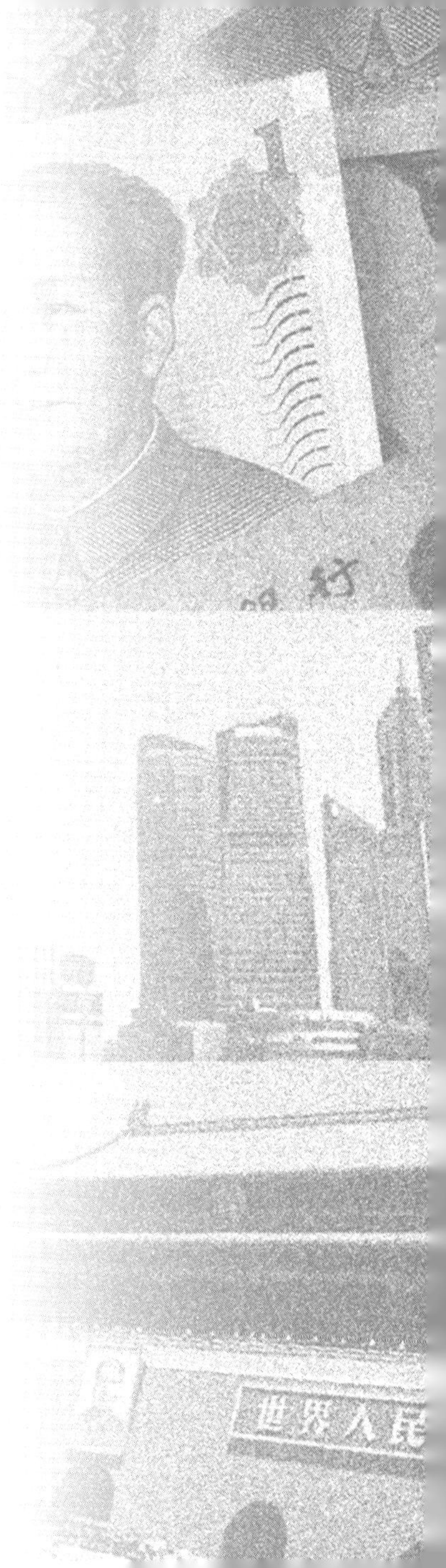

◇共産党エリートの最大の弱みは海外の個人資産の凍結

石平　23年2月28日に米国連邦議会下院の金融委員会で台湾に関する3つの法案が可決されました。「台湾紛争抑制法案」「台湾保護法案」「台湾差別禁止法案」です。この後、下院と上院で可決されて大統領が署名すれば成立します。

髙橋　特に重要なのが台湾紛争抑制法ですね。

石平　そう、これが成立すれば、アメリカ国内にある中国共産党幹部とその親族たちの隠し財産を凍結することができるため、中国共産党にとっては非常に大きな脅威になります。

髙橋　中国共産党員とその親族たちはよく米国に行っていますね。彼らにとってやはり米国などでの海外資産を凍結されるのがいちばん嫌でしょう。

石平　まさにそれが最大の弱みなのです。2021年に米国のシャーマンという女性の国務副長官が中国を訪問して中国の外務副大臣と数日間にわたって会談したことがありました。そのとき、中国側は米国にやめてほしいことの長いリストを出した。その冒頭にあったのが「中国共産党員とその親族たちの米国入国に対する制限」でした。これで中国の最大の弱みが何かわかってしまった。それを盛り込んだのが台湾紛争抑制法案にほかなりません。これが成立すれば、台湾有事を未然に防ぐ大きな力になります。

高橋 中国人は中国政府を信じないでお金を貯めている。中国人も米国だと財産は没収されないと思っているから、それをやられるのがいちばんきついでしょう。

石平 けっこうアホな話です。米国にやめてほしいリストを出したがために、中国の弱みがバレたんですから。

高橋 中国人は、家族とか資産とか個人的なところが弱い。中国に対しての制裁では個人的なところを突くことが欠かせません。米国は金融の力が強いので資産凍結もできます。

石平 しかし米国だけで中国人の資産凍結をできるんですか？

高橋 できません。だから、だいたいいつも日本が資産凍結に付き合わされます。日本としても金融の話では米国と同一歩調を取らざるを得ないのです。資産凍結をやるのは米財務省で、G7などでも必ず日本は同調します。

石平 中国共産党幹部とその親族たちの隠し財産はだいたい、米国、日本、EUの3ヵ所にあります。

高橋 その3ヵ所でしか運用できません。だからこの3ヵ所で資産凍結するのが最も効く。

石平 その面でEUも共同歩調をとるのですか？

高橋 EUは金融制裁の話に乗るときもあればそうでないときもあります。EUは中国との関係があるからと、金融制裁には乗り気ではない。ただし今はウクライナ戦争があるので、EUも金融制裁の話を飲みやすいのではないでしょうか。

石平 米国で台湾紛争抑制法が成立して、日本でもEUでも同じような法整備ができたら中国に対して非常に効き目があるでしょう。中国共産党の幹部としては自分の財産の凍結がいちばん困るので、祖国統一どころではなくなります。中国共産党の内部から、習近平が戦争できないようにいろいろ足を引っ張る動きが出てくるかもしれません。

髙橋 自分のお金を凍結されたら嫌だと思うのは誰でも同じですよね。

石平 嫌どころか、彼らにとっては死活問題です。

髙橋 死活問題の前では祖国統一の大義名分などどうでもよくなります。だから、みんな目の前のお金でけっこう動くことがあります。台湾人にとっても食うことが優先されるという話をしました。中国の本土の人だって同じ。食うためにはお金が何より大事なのです。

アリババの創業者のジャック・マーなどもおそらく日本に多くの財産を持っているに違いありません。日本では財産を没収しないと思っているからです。中国共産党の人だって日本で財産を隠し持っている人がけっこういるらしい。それを締め上げたら非常にきつい。

石平 中国では土地は所有できません。その上に建っているマンションの部屋を購入したとしても、実際には借りているようなものです。不動産に投資して蓄財することができない。

だから金持ちの中国人はアメリカや日本で不動産に投資するのです。

高橋　中国人は日本でもたぶん不動産をたくさん持っているでしょう。ところが、日本の場合でも、不動産の凍結は、実はいちばん簡単なんです。その効果は金融取引と変わりません。日本でも金融資産の凍結はできますから、不動産についても法律をつくれば凍結できるはずですよ。

日本で不動産を持っているのなら、中国人名義になっているのですぐにわかります。それを取り上げてしまう話をすると、自分の資産が没収されるということだから、中国人は非常に嫌がるはずです。

◇台湾侵攻が起きたら米軍はTSMCの工場を破壊する⁉

石平　中国による台湾有事に対して国際社会でも当然ながら危機感が高まっています。今年4月のG7の外相会合では、中国を念頭に「力または威圧によるいかなる一方的な現状変更の試みにも強く反対する」と明記した共同声明を発表しました。

同じ4月には韓国大統領の尹錫悦が台湾海峡の緊張について「力による現状変更には絶対反対する」と発言しました。韓国大統領としておそらく初めて中国の核心的利益に異を唱えたのです。

5月にはフィリピン大統領のマルコスがロイター通信のインタビューで「フィリピン国内の米軍基地は台湾有事になったときにも役に立つ」と明言しました。この米軍基地（既存5ヵ所と新設予定の4ヵ所）は台湾侵攻への強い抑制となります。

髙橋 東アジア、東南アジアの国々では台湾有事は他人事ではありません。中国による日本への攻撃を別にしても、武力衝突で台湾海峡が封鎖されると、日本のシーレーンが全部なくなってしまい、日本経済はものすごく大変なことになります。その点では韓国も同じです。

石平 台湾有事では半導体のことも非常に心配されていますね。

髙橋 昔の産業の米は鉄で、今は半導体です。その一大製造拠点の台湾には世界最先端の半導体技術を持つＴＳＭＣもあります。半導体製造装置で大きなシェアを占めているのが日本であり、世界的な半導体メーカーのサムスン電子の韓国です。

だから台湾有事が起こると、世界への半導体の供給がすごく滞る可能性があって、日本経済、アジア経済、世界経済のいずれに対しても大打撃を与えます。当然ながら、ウクライナより世界経済に対するダメージははるかに大きい。

石平 米国は去年10月に非常に厳しい半導体規制を中国に科しました。この規制は現在稼働中の中国の半導体工場を停止させてしまう可能性すらあって、そうなると中国の半導体産業

2021年における世界の半導体製造装置メーカー売上上位10社

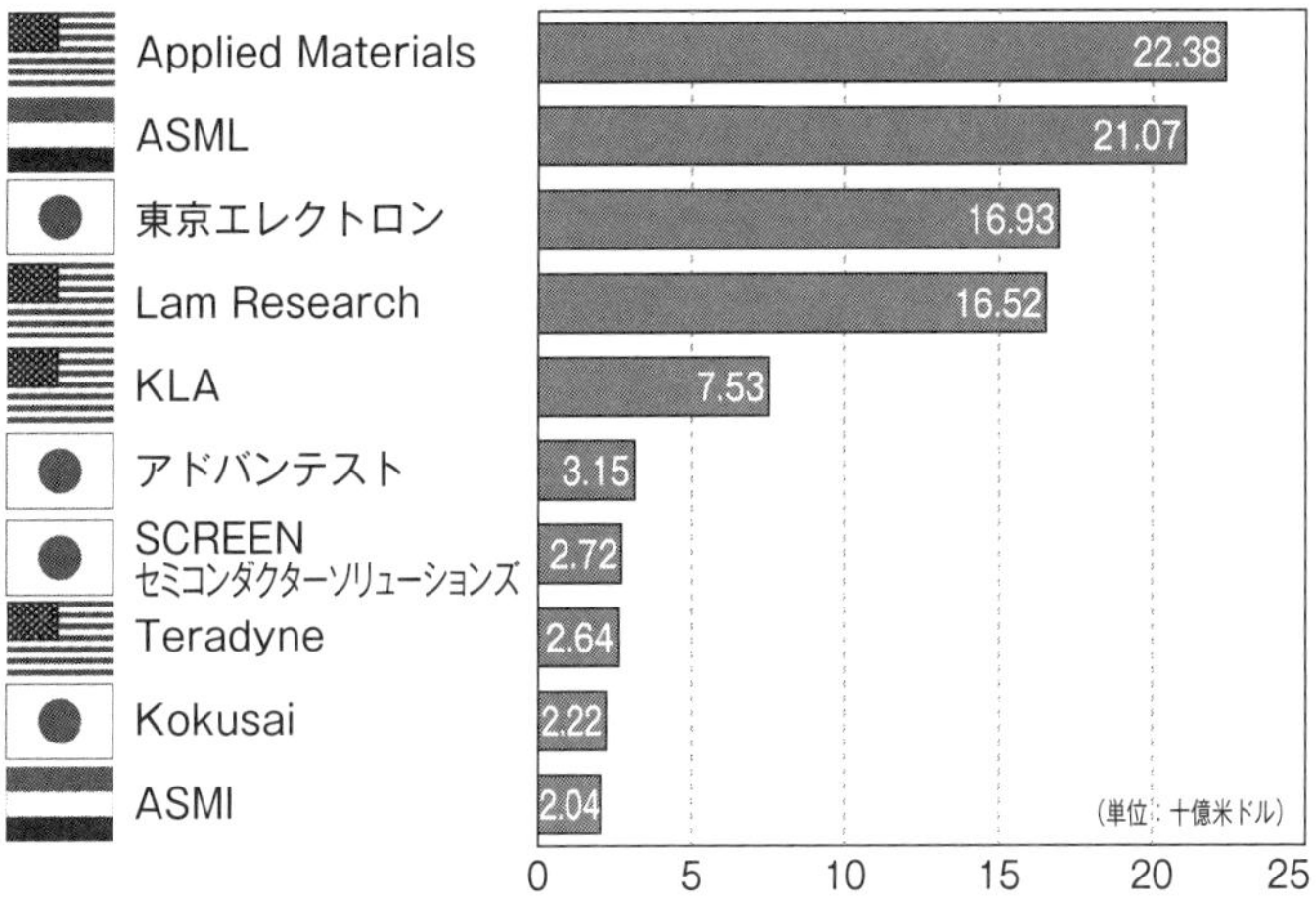

出所：TechInsights Manufacturing Analysis Inc.(VLSIresearch)

は壊滅しかねません。そこで世界の半導体業界関係者には、中国がＴＳＭＣを手に入れるために台湾に軍事侵攻するのではないかと懸念している人たちもいます。

髙橋　台湾侵攻の動機は経済面ではなく野望のほうが強い。経済的な理由を考えると逆に侵攻できなくなってしまいますよ。というのは、台湾と全面戦争になってしまったら、ＴＳＭＣを占領するどころか潰さなければいけなくなるからです。本当に野望のあるときにはもう相手国の産業を潰してでも侵攻しますよ。資源を取りたいというのならともかく、産業があるから侵攻するというロジックは成り立ちません。中国が台湾侵攻をするのはあくまでも核心的利益を成就したいのです。

石平　しかし米国の一部では、ＴＳＭＣを取るために中国は台湾侵攻に踏み切るのではないかという懸念が根強く、ＴＳＭＣが中国の支配下に置かれるのを防ぐために、中国が台湾に侵攻しそうになったら米軍はＴＳＭＣを爆撃するべきだという考えも出てきています。

髙橋　米国らしい身勝手な考え方ですね。しかも本末転倒だ。米軍がＴＳＭＣの破壊に乗り出した時点で世界経済に非常に深刻な悪影響が出ます。

石平　もちろん台湾では国防相が「米軍がＴＳＭＣを爆撃することは許さない」と怒っていますが。しかもこうした見解は台湾国民の米国への不信感を高め、逆に中国の情報戦に利用されかねません。

髙橋　米国でもそんなことを考えているのは一部の人に限られるでしょう。しかし米国には、自らの利益になることがあれば勝手に何でもやりかねないと思わせるようなところがありますね。

◇米軍を派遣しなければ台湾はもたない

石平　習政権が本当に台湾に軍事侵攻したら米国はどう動くでしょうか？

髙橋　実はそこが明確にはわからないところなのです。米国は今のところ台湾や日本をサポートすると言っています。けれども米国にはまず、中国と直接的な軍事的衝突は避けたいという方針があることもまた事実です。

これはウクライナ戦争と一緒で、米国は直接ロシアと事を構えるのは嫌だから、ウクライナ支援を行っても派兵はしないという一線を保っている。ウクライナ支援にしても戦争でウクライナが勝つほどはしていない。

台湾の場合もそういう可能性がいちばん高いのではないか。だから米国は台湾にもいろいろな武器を支援しても派兵はしない。ただし台湾を見殺しにすることはありません。ウクライナと同じですよ。国際社会も台湾を支援するとか、みんな後ろに立つだけなのです。台湾有事は基本的に台湾と中国の話になります。もちろん、そうなれば日本もただでは済まない。

石平　バイデンの場合、今までのようにわざと口を滑らせた形で派兵について「イエス」と言うのではないですか。

髙橋　いや、そういうことがあっても、ホワイトハウスは「派兵することは決まっていない」とすぐに打ち消すでしょう。これもバイデンが口を滑らせたときのいつものやり方です。

一方、米国の連邦議会のほうは派兵を強く主張しますよ。それでも戦争をするという決断には、バイデン政権はなかなか踏み切れないと思います。やはり中国と直接、事を構えるのは大変だと考えているのです。

石平 では、それを習近平がどう判断するのでしょうか。

髙橋 例えばロシアの立場からすれば、ウクライナの後ろにいる米国は面倒くさい相手ですよ。台湾についても、習近平が後ろに米国がいるのは面倒くさいと思えば台湾侵攻をしないかもしれません。けれども逆に、米国が出てこないのなら好都合だと思って台湾侵攻をやってしまう恐れもある。

石平 米国が派兵するかどうかはさておくとしても、確かに台湾の国民の意識は問題ですね。台湾の外省人は多くは自分たちは中国人だと認識していて、台湾の国名も中華民国です。中華民国の創始者は孫文なので、中国共産党も孫文の旗印を持ち出して民族統一を掲げるかもしれません。その点ではウクライナとは違う事情がある。

しかも米国が支援だけに留まって台湾を守るための派兵をしないということになれば、中国に対して台湾人の抵抗する意思も弱まっていくのではないでしょうか。

髙橋 抵抗の意思が弱まってしまうと、米国のロジックでは、最後はその国民が選ぶ問題だということになりかねません。

米国人から見れば、台湾人と中国人の違いは絶対にわからない。だから、台湾と中国の問題になぜ米国が関わる必要があるのかと疑っている米国人も多くいるのです。

石平　となると国民党に対する工作でも軍事的な手段でも中国が台湾併合に成功する見込みは十分にあるということですか。

髙橋　残念ですが、冷静に考えると、けっこうありますね。

とはいえ米国が手出しをしないという前提に立ったとしても、それを明言すると間違ったメッセージになってしまいます。実際バイデンは「ウクライナ戦争前に軍事介入しない」と明言した。それが逆効果となって、ロシアは米国が軍事的に来ないと思ったのです。つまり、ロシアにとってウクライナ侵攻に対する1つの障害がなくなってしまいました。

たぶんバイデンの次の米国大統領は、台湾有事についてはバイデンのような発言はしないでしょう。軍事介入するかどうかわざと曖昧にしておくはずです。

石平　曖昧戦略ですね。

髙橋　曖昧にしておいて、米国は台湾有事のときに派兵することもあり得ると中国に思わせなければなりません。曖昧さが一種の抑制力になるのです。

◇台湾有事を決める米大統領選

髙橋　ウクライナは米国と軍事的な相互保障条約を結んでいないので、もともと米国はウクライナ戦争に軍事介入する理由はない。確かに米国には台湾関係法があり、台湾防衛のために軍事的行動をするかどうかの判断を米大統領に認めているものです。

石平　とすれば、米国にとってはウクライナよりも台湾のほうが重要だということでしょう。

髙橋　間違いなく重要です。

石平　しかし米国は国交がウクライナとはあっても台湾とはありません。

髙橋　国交すらないし、軍事的な相互保障条約も結んでいないため、台湾が中国から攻撃されても派兵する義務は全くないのです。

台湾関係法に基づいて派兵を判断する場合でも、国民が納得するようなかなり強力な口実が必要です。けれども、米国人にとって台湾は地球の裏側だし、中国人も台湾人も見分けがつかないから、そんな口実を見つけるのは容易ではありません。

しかも義務もないのに派兵して米国兵が死んでしまったらどうするのか。米国大統領の政治生命にも関わるような大問題になってしまうでしょう。

石平　もし米軍が出動しなかったら台湾は中国にそのまま併合されてしまうのでしょうか。

髙橋　先ほども言ったように、ウクライナと一緒で米国は台湾に対して猛烈に支援をする。それで中国の攻撃を押し返すくらい台湾を頑張らせるようにはするでしょう。

石平　米国の国内世論はどうですか。

髙橋　米国人からすると、やはり必ずなぜわざわざ台湾に派兵するのかという話になります。

石平　朝鮮戦争のときには米軍は朝鮮半島に入りました。

髙橋　それはベトナム戦争までです。それ以降は懲りたのか、他の国々の軍隊も巻き込んで米軍は単独で出ていかないようになったのです。できることなら、米軍は何もしたくない、というのが本音でしょう。

石平　では、台湾は米国からいろいろな援助を受けて中国の武力侵攻に対して必死に抵抗することになりますね。それで台湾が長期間抵抗することができるかどうか。

髙橋　ウクライナを見ていると、米国次第でかなり抵抗できるんじゃないですか。

石平　しかし台湾が負けそうになることもあるでしょう。それでも米国は指をくわえて見ているということですか？

髙橋　いや、別の可能性もありますよ。米国大統領によっては軍事介入するかもしれません。私が安倍元首相から聞いて面白かったのが、大統領がトランプだった2017年4月、米国のフロリダ州パームビーチで習近平と米中会談をしたときの晩餐会での話です。トランプからいきなり「イラク（実際にはシリア）に59発のミサイルを発射した」と言われて、習近平は10秒間ほど固まって動かなかったそうです。米国がかなり怖いらしい。だから平気で軍事力を使うような人物が米国大統領になると、彼も台湾侵攻に二の足を踏むでしょうし、逆に与《くみ》しやすいと思ったらやるでしょう。

石平　とすると台湾有事がどうなるか、次の米国の大統領選の行方が非常に重要ですね。

髙橋　関わってきますよ。バイデン再任なら台湾侵攻に乗り出す公算が高い。もしトランプが大統領になったら何をするかわからないので、踏みとどまるかもしれません。

◇自衛隊に数千人の犠牲者がでる

髙橋　中国による台湾侵攻が起こったとき、少なくとも与那国島、先島諸島、沖縄は絶対に取られないように死守しなければなりません。死守すれば台湾への航路が開かないので、中国も台湾封鎖ができないわけです。封鎖されなければ、台湾も物資の面で苦しむことはまずないでしょう。

反対に台湾封鎖をされると、完全に台湾は失速してしまう。だから日本がやるべきなのは、中国が台湾封鎖をできないように航路を死守することです。

石平　日本が中国の台湾封鎖の穴を開けてしまう、あるいは封鎖できないようにしたら、中国は日本も攻めるしかなくなるのではないですか。

髙橋　その場合、中国と日本が交戦状態になるかもしれません。しかし曖昧戦略を取っている限りは、交戦状態となれば米軍が出てくるという脅しも効いています。中国もなかなか日本に手出しはしにくいはずですよ。

石平　それでも中国が日本に攻めてきたら、日米安保条約がある以上、米軍が自動的に守ってくれるというのが私の理解です。

髙橋　実はそんなことはありません。日本が米軍の派兵を要請しても、たぶん米国はそれを拒否します。これは安保条約や相互条約の常識みたいなものです。同盟国だからといって要請しても、米軍が最初から助けに来てくれることは絶対にありません。

石平　そうなんですか？

髙橋　米国としても簡単に米兵の血を流させるわけにはいかないからです。米国は日本にまず、中国が侵攻してきたら一生懸命に戦ってくれることを望んでいます。

米軍が助けに来るのは、自衛隊員が何人も死んだ後になってからのことです。自衛隊は1個師団、つまり数千人くらい犠牲にならないと米軍はでてこないでしょう。

また、日本政府は米国に助けを求めるときには、「与那国島と先島諸島を取られると、人民解放軍は沖縄やグアムに行きますよ」と半ば脅しを言わなければなりません。

石平　もし沖縄が中国から攻撃を受けたら米軍も動かさざるを得ないんじゃないですか？

髙橋　中国も沖縄を攻撃したら米軍が動くのはわかっているので、最初は沖縄攻撃まではしないでしょう。

改めて言うと、与那国島や先島諸島あたりは攻撃されても、自衛隊だけの管轄なので米軍とは関係ありません。軍事衝突が起きたとしても、米軍としては当面の間自衛隊だけで対処してほしいということです。

◆それでも最後に勝つのは民主主義

石平 台湾有事になると日本にも戦争が迫ってきます。それなのに日本の政界や経済界には危機感があるようには見えない。

髙橋 防衛費をGDPの2%に上げるというところで政界には危機感は出始めています。安倍首相が尽力して防衛費増額の道筋はできました。政界ではようやくまともなことが少しずつできるようになったという感じはあります。

でも経団連などは中国詣でがあるから、危機感はまだ薄いんじゃないでしょうか。日本全体としても危機感はあまりないと言えるでしょう。

石平 日本の経済界はこれからもっと危機感が出てくるでしょうか？

髙橋 日本企業は目先のビジネスだけで今まで中国に突っ込んで行ったから、今さら引けないという感じですね。中国に進出する日本企業で特に問題なのは、台湾有事になったときに日本に帰れなくなっていいのかということです。

石平 私もいろいろな経営者団体に講演に呼ばれて、中国問題や台湾有事などを訴えると、その場ではみんな納得してくれます。

髙橋 経済界に危機感が薄いのは、マスコミの責任が大きい。日本のマスコミも習近平が3期目を決めたということは、独裁者が3期目に突入したことを意味するのに、そのリスクが高まっていることを報道しません。経済紙なども中国についてはビジネスの話ばかり。本来、ビジネスの話をするなら、政治的リスクもきちんと説明すべきです。

石平 日本のマスコミには親中の人たちも多いですね。

髙橋 親中派は中国の台湾侵攻について「習近平はロシアのウクライナ侵攻を見ているから、世界と融和的にやりたいから、台湾侵攻のような変なことはしない」と反論しています。しかし全く説得力がありません。現に中国共産党大会で習近平自身が「けっして武力行使の放棄を約束しない」と断言しているのですから。

石平 日本のなかには習近平のために仕事している人が多い。

髙橋 多いのです。そういう売国的な人たちを排除していかなければなりません。

石平 もし明日にでも台湾有事が起きたら、今の日本は対応できますか？

高橋　できないですよ。例えば南西諸島にようやく軍備の配置が決まって、自衛隊が南西諸島にパトリオットミサイルを持って行こうとしても、沖縄の玉城デニー知事が自衛隊の船に南西諸島の港への接岸を許可しないからです。

石平　沖縄と言えば、23年3月に沖縄の副知事が沖縄の地方幹部として初めて中国大使館を訪問して新任の新駐日大使の呉江浩と会談しました。しかし2人の会談内容は非公開です。信じられません。中国は公然と対沖縄工作を展開している。

高橋　日本は民主主義だから、中国は沖縄県知事を水面下の工作で押さえておけばいい。「沖縄独立運動」を盛り上げたうえで、日本から分断した沖縄を取る、というのが狙いです。沖縄県知事はそのよいコマになります。

石平　日本の場合、地方に多くの権限があります。

高橋　自衛隊も日本の法律では活動するための許可を知事からもらわなければならないため、知事がまともでないと機能不全に陥る。しかし玉城知事は南西諸島の港への接岸を許可しませんでした。そういう知事なら中国は労せずして戦争に勝つことができます。すでに沖縄でも「戦わずして勝つ」が実行されているのです。

石平　接岸の不許可のようなことで自衛隊活動を邪魔するのを許しているのはおかしい。

高橋　国防を担っているのですから、自衛隊活動が地方自治体の権限に振り回されるようなことはあってはなりません。

島への接岸について私は、軍民共有の港ではなく国費で自衛隊の専用港をつくるべきだと思います。米軍はみんな専用港を使っていて、民間と同じ港を使うようなことはしていません。

今度の予算には自衛隊の専用港建設の費用は一応入っているのです。国債を使って自衛隊の設備を増強できるようになりました。これもインフラ投資なのだから、新港として自衛隊専用港もどんどんつくればいいのです。

石平　民主主義には何をやるにも時間がかかりますね。

髙橋　仕方がないですね。民主主義では物事はゆっくりゆっくり進み、しかも障害を1つずつクリアしていかないといけません。しかし、民主国家のほうが、経済成長も達成でき、戦争を防げる可能性が高いのです。

おわりに

今世紀に入ってから多くの日本人が中国崩壊論を唱えるようになった。特に勢いを増してきたのが2010年をすぎてからである。それらの共通した特徴は、中国崩壊までの期限を1～2年程度という短期に設定していることだ。対して私は、短い期限を定めて中国崩壊を断言すると外れるから、もっと長い目で見て崩壊の時期を考えなければならない、といつも主張してきた。

歴史を振り返ると、後進国で経済成長を始めた国は1人当たりのGDPが1万ドル程度になるまでは比較的順調に右肩上がりで成長していく。ところが、1万ドルに達したあたりで、そのまま成長を続けられるのか、あるいは成長が止まるのかという時期が必ず訪れる。つまり、1万ドルに達するとその国の経済は胸突き八丁を迎える。

逆に言うと、1万ドルに達するまでは、短い期限を区切ってその国が崩壊するという見通しを立ててもまず当たらない。実際、短い期限を区切ったこれまでの中国崩壊論は全て外れてしまった。

中国の1人当たりのGDPが1万ドルに達したのは2019年だった。最近は1万2000ドル台にまで乗った。しかし中国経済もやはり胸突き八丁を迎えている。それは本書でもふれた中国の不動産市場の低迷・収縮にも如実に表れている。

しかも習政権は、資本主義的な改革開放ではなく「共同富裕」を旗印にした共産主義の統制経済志向を強めている。となると、技術開発もうまくいかなくなって一段と成長エンジンが弱くなるだろう。

とすれば中国崩壊論が現実味を帯びてくるのはまさにこれからだと言える。それでも何せ巨大な国だから崩壊まで短い期限を定めるべきではない。少なくとも10年くらいは時間的な余裕を持たせておいたほうがいいと思う。

一方で、中国人民解放軍の戦力がどんどん増強されてきて習近平の一強体制が固まったことから、台湾有事の懸念も高まってきている。台湾併合は中国の残された核心的利益だからだ。

しかし、中国は「孫子の兵法」の国なのでいきなり台湾に武力侵攻することはないだろう。武力を使えば中国にも打撃がある。だから「戦わずして勝つ」ためにまずは来年1月の台湾の総統選挙において、すでに台湾に放っているスパイやシンパを使ってさまざまな工作を行い、中国共産党寄りの国民党候補の勝利を目指すはずだ。

前総統で国民党の馬英九は今年3月に中国を訪問して、「台湾海峡の両岸の人々はみんな中華民族」と発言している。国民党の候補が総統になれば、香港が中国に返還されたときのように話し合いで台湾併合を進めることができるに違いない。当事者同士の話し合いなら、米国など他国の介入も撥ね除けられる。

では、台湾併合に反発している民進党の候補が総統になったらどうなるか。そのときにはやはり中国による武力行使の可能性が高まる。人民解放軍が台湾侵攻する場合には、日本の先島も巻き込まれるので、自衛隊との間で戦闘状態になるはずだ。

この場合、日本は米国と日米安保条約を結んでいるので米軍が直ちに助けに来てくれるかと言うと、それは期待できない。米国は直接関係のない戦闘に米国の若者を駆り出すようなことはしたくないからだ。もちろん米国の国民感情も許さない。

ウクライナ戦争を見てもわかるようにウクライナ人が必死に戦っているからこそ、軍事同盟を結んでいないため派兵できる国はないものの、多くの国が兵器や支援物資をどんどんウクライナに送っているのである。同様に日本人が頑張らないと米軍が来るはずがない。

だから自衛隊も単独で人民解放軍と戦うことになる。それで自衛隊が1個師団くらいの犠牲者を出したときに初めて、日本政府の求めに応じて米軍が参戦することになる。1個師団の兵力は数千人だ。

なお、中国には自国が崩壊する前に台湾を併合するというインセンティブも生まれ得る。台湾併合で中国経済も多少は持ち直すかもしれない。台湾有事は中国経済とも深く関係しているのである。

髙橋洋一

【著者略歴】

髙橋洋一（たかはし・よういち）

株式会社政策工房代表取締役会長、嘉悦大学教授。
1955年、東京都生まれ。都立小石川高等学校（現・都立小石川中等教育学校）を経て、東京大学理学部数学科・経済学部経済学科卒業。博士（政策研究）。80年に大蔵省（現・財務省）入省。大蔵省理財局資金企画室長、プリンストン大学客員研究員、内閣府参事官（経済財政諮問会議特命室）、内閣参事官（首相官邸）等を歴任。小泉内閣、第1・第2次安倍内閣ではブレーンとして活躍。
著書に2008年、『さらば財務省』（講談社）で第17回山本七平賞受賞。
『国民をとことん貧しくする　日銀と財務省の大罪』『岸田政権のウソを一発で見抜く！　日本の大正解』『「バカ」を一撃で倒すニッポンの大正解』『「日経新聞」には絶対に載らない 日本の大正解』（以上、ビジネス社）、『世界の「今」を読み解く！【図解】新・地政学入門』（あさ出版）、『安倍さんと語った世界と日本』（ワック）、『プーチンショック後の世界と日本』（徳間書店）など多数。

石平（せき・へい）

1962年中国四川省成都市生まれ。1980年北京大学哲学部入学。1983年頃毛沢東暴政の再来を防ぐためと、中国民主化運動に情熱を傾ける。同大学卒業後、四川大学哲学部講師を経て、1988年留学のために来日。1989年天安門事件をきっかけに中国と「精神的決別」。1995年神戸大学大学院文化学研究科博士課程修了。民間研究機関に勤務。2002年『なぜ中国人は日本人を憎むのか』を刊行して中国における反日感情の高まりについて先見的な警告を発して以来、日中問題・中国問題を中心に評論活動に入り、執筆、講演・テレビ出演などの言論活動を展開。2007年末日本国籍に帰化。14年『なぜ中国から離れると日本はうまくいくのか』（PHP）で第23回山本七平賞を受賞。著書に『習近平帝国のおわりのはじまり』『そして中国は戦争と動乱の時代に突入する』『経済原理を無視する中国の大誤算』『バブル崩壊前夜を迎えた中国の奈落』『私たちは中国が一番幸せな国だと思っていた』（以上、ビジネス社）、『「天安門」三十年 中国はどうなる？』（扶桑社）、『なぜ論語は「善」なのに、儒教は「悪」なのか』（PHP）など多数ある。

編集協力／尾崎清朗

中国経済崩壊宣言！

2023年8月10日　第1刷発行
2023年9月15日　第3刷発行

著　者　髙橋 洋一　石平
発行者　唐津　隆
発行所　株式会社ビジネス社
〒162-0805　東京都新宿区矢来町114番地
神楽坂高橋ビル5F
電話　03-5227-1602　FAX　03-5227-1603
URL　https://www.business-sha.co.jp

〈装幀〉大谷昌稔
〈本文組版〉有限会社メディアネット
〈印刷・製本〉半七写真印刷工業株式会社
〈編集担当〉佐藤春生　〈営業担当〉山口健志

ISBN978-4-8284-2544-3